Maureen Garth

Der innere Garten

Maureen Garth

Der innere Garten

Phantasiereisen
für Kinder und Erwachsene

AURUM VERLAG

Die Originalausgabe dieses Buches erschien unter demTitel »The Inner
Garden. Meditations For Life From 9 To 90« im Verlag Collins Dove (a
division of HarperCollins*Publishers*) Melbourne, Australien. Die deutsche Ausgabe erscheint mit Genehmigung von HarperCollins*Religious*
(a division of HarperCollins*Publishers*).

Ins Deutsche übersetzt von Gabriele Kuby.

Umschlaggestaltung: Daniela Kulot-Frisch

Die Deutsche Bibliothek – CIP-Einheitsaufnahme

Garth, Maureen:
Der innere Garten : Phantasiereisen für Kinder und
Erwachsene / Maureen Garth. [Ins Dt. übers. von Gabriele
Kuby]. – Braunschweig : Aurum-Verl., 1996
ISBN 3-591-08402-6

1996
ISBN 3-591-08402-6
© 1994 Maureen Garth
© der deutschen Ausgabe Aurum Verlag GmbH, Braunschweig
Gesamtherstellung: Westermann Druck Zwickau GmbH

 Inhalt

Für Eleanor, mein Licht,
die mir gezeigt hat, was Liebe ist.

Einleitung

Der Wert der Meditation

In der Meditation können wir die Kraft, den Sinn und die Richtung finden, die wir für unser Leben brauchen. Meditation kann uns helfen, innere Ruhe zu finden, den Tag positiv zu beginnen, Streß aufzulösen und ein gutes Gefühl für uns selbst zu bekommen.

Meditation gibt uns die Möglichkeit, alles Äußere loszulassen. Indem wir diese Form der Entspannung praktizieren, können wir Ruhe und Klarheit in unser hektisches Leben bringen. Durch das stille Sitzen gelangen wir in einen veränderten Bewußtseinszustand, der uns auf vielen Ebenen zugute kommt.

Meditation verlangsamt den Herzschlag und senkt den Blutdruck. Sie macht uns bewußter für unsere Umgebung, sorgt dafür, daß wir andere Menschen und deren Bedürfnisse besser wahrnehmen, macht uns toleranter für die Fehler anderer und für unsere eigenen Schwächen. In der Meditation eröffnen sich uns völlig neue Möglichkeiten, an uns selbst zu arbeiten.

Vielleicht ist Ihr Leben von Instabilität und Dauerstreß geprägt. Meditation kann Ihnen helfen, das zu verändern. Wenn Sie sich tief auf den veränderten Bewußtseinszustand einlassen, werden Ideen auftauchen, die Ihnen zeigen, wie Sie auf neue Weise mit Ihren Problemen umgehen können.

Wenn Sie früh am Morgen meditieren, gehen Sie anschließend mit mehr Ausgeglichenheit und Selbstsicherheit in den Tag. Diese Ausstrahlung hat eine beruhigende Wirkung auf die Menschen, denen Sie begegnen. Meditieren am Abend hilft Ihnen, sich zu entspannen und den Streß des Tages loszulassen. Sie müssen übrigens nicht sehr lange meditieren. Wenn Sie morgens und abends zehn bis zwanzig Minuten dafür einplanen, wird der Nutzen den Zeitaufwand bei weitem aufwiegen.

Vielleicht haben Sie bisher gedacht, Meditation sei nur etwas für Leute, die irgendwie »anders« sind oder »ein bißchen merkwürdig«. Sie schien für jene reserviert zu sein, die am liebsten auf

Berggipfeln sitzen und über den höheren Sinn des Lebens nachdenken – nicht für gewöhnliche Sterbliche. Aber sie ist für uns alle da, ob wir nun auf einem Berggipfel sitzen wollen oder auf einem ganz normalen Stuhl zu Hause.

Durch Meditation können Sie mit Ihrem höheren Selbst in Kontakt treten, Ihrem Leben eine Richtung geben, können Frieden und Heiterkeit in Ihr Leben, Ihre Seele, in Ihre ganze Person bringen.

Ich glaube, daß das höhere Selbst eine Energie ist, die die Erfahrungen vieler Leben auf dieser Erde gespeichert hat. Die Person, die gegenwärtig auf der Erde weilt, ist nur ein Aspekt dieser höheren Ebene des Bewußtseins. Weil das höhere Selbst weiß, mit welchen Problemen die Seele in der Vergangenheit zu tun hatte, kann es im Umgang mit den Problemen der Gegenwart sehr hilfreich sein. Andere Glaubenssysteme haben andere Erklärungen für diese höhere Kraft, aber die allermeisten stimmen in ihrer Wertschätzung der Meditation überein. Wenn Sie meditieren, können Sie sich durch verschiedene Ebenen hindurchbewegen und mit dieser Kraft oder Energie in Kontakt kommen.

Ich bin überzeugt, daß ich von meinem höheren
Selbst geleitet werde und auch von Wesen, die auf
anderen Ebenen existieren. Es wird vorkommen,
daß auch Sie beim Meditieren Wesen in Ihrem
Garten »sehen«, die mit Ihnen sprechen und
Ihnen spirituelle Führung zuteil werden lassen.
Sie sprechen vielleicht auch darüber, was in
Ihrem physischen Leben vor sich geht. Das
Spirituelle und das Physische sind miteinander
verbunden, und das eine kann ohne das andere
nicht existieren.

Meditation ermöglicht uns, mit der spirituellen
Tiefe unseres Wesens in Berührung zu kommen,
einem inneren Ort, wo Frieden und heitere
Gelassenheit herrschen. Wenn unser inneres
Wesen heiter ist, wird sich diese Heiterkeit auch
auf unser Leben und die Beziehungen zu anderen
Menschen auswirken.

Meditation kann uns Stabilität geben. Wir
bestehen aus physischen, mentalen, emotionalen
und spirituellen Anteilen, und wir sollten uns die
Zeit nehmen, unseren Körper, unseren Geist,
unsere Gefühle und unsere spirituelle Essenz zu
nähren. Ich glaube, daß unser höheres Selbst über
unbegrenzte Weisheit und Liebe verfügt und daß

es uns helfen kann, wenn wir es zulassen und ihm vertrauen. Während der Meditation können wir mit diesem Aspekt von uns kommunizieren und Führung und Rat von ihm empfangen.

Unser Körper ist sowohl männlich als auch weiblich. Die linke Seite des Körpers ist weiblich, die rechte männlich. Im Gehirn ist es umgekehrt – die rechte Seite ist weiblich, die linke männlich. Die männliche oder linke Seite des Gehirns ist die logische, die für Ordnung und Struktur im Leben sorgt. Die linke Seite des Gehirns kann manchmal aber auch übermäßig auf Logik fixiert sein und der intuitiven und kreativen rechten Seite keinen Spielraum lassen. Meditation gibt der Kreativität und Intuition der rechten oder weiblichen Seite mehr Raum, so daß Bilder davon entstehen, wer Sie sein können und wie sich Ihr Leben entwickeln soll.

Schöpferische Menschen sind sehr rechtshirnig, und ihre Kreativität fließt, weil sie gut auf ihre feminine Seite eingestimmt sind. Die logische linke Seite kann sehr viel Druck ausüben und verlangen, daß wir uns nur ja keinen Träumen hingeben und ganz auf dem Boden der Tatsachen bleiben. Natürlich geht es darum, daß beide

Seiten gut zusammenarbeiten und jede der anderen Raum gibt. Wir verbringen den Großteil unsere Wachzeit damit, logisch zu sein und alles unter Kontrolle zu haben. Wenn wir meditieren, kommen wir in Kontakt mit unserer schöpferischen Energie, die wir bis dahin vielleicht noch gar nicht gefühlt haben.

Meditation in meinem Leben

Ich selbst begann zu meditieren, als ich Ende dreißig war, und seitdem ziehe ich großen Nutzen daraus, nach innen oder »in die Stille« zu gehen. Natürlich ist es gut, so früh wie möglich meditieren zu lernen, aber mein eigenes Beispiel zeigt, daß es nie zu spät ist, die Kunst des Lauschens auf das innere Selbst zu erlernen.

Meditation hat nicht nur mein eigenes Leben beeinflußt, sondern auch das Aufwachsen meiner Tochter Eleanor. Ein paar Jahre nach ihrer Ankunft auf dieser Welt im Jahre 1981 machte ich mir Sorgen, weil sie unter Alpträumen litt. Also formulierte ich im Laufe der Jahre eine Reihe von Meditationen, die uns beiden Freude machten (was zeigt, daß wir nie zu alt oder zu jung sind, um das kleine Kind in uns zur Sprache kommen zu lassen).

Am Anfang gab ich ihr einen Schutzengel mit großen goldenen Flügeln an die Seite, damit sie sich sicher und geborgen fühlte. Dann kam der Garten dazu, in dem sie alles mögliche tun konnte – auf Tieren reiten, ins Innere von Bäumen gehen, mit den Feen durch die Luft fliegen oder auf eine Wolke steigen und über die Welt segeln. Ich merkte auch, daß kleine Kinder oft Sorgen haben, von denen wir nichts wissen, also erfand ich den Sorgenbaum. Ich füllte ihr Herz mit Liebe für alle Menschen und alle Geschöpfe. Ich ließ das Licht eines Sterns zu ihr herunterfließen und half ihr, das Pulsieren dieses Lichts in ihrem kleinen Körper zu spüren. Wir benutzten den Stern dann immer zur Einstimmung vor jeder Meditation.

Später bat mich die Leiterin von Eleanors Schule, in der zweiten Klasse Meditationen anzuleiten. Ich hatte große Bedenken. Es schien mir sehr fraglich, wie eine große Gruppe von Kindern reagieren würde, aber ich wurde angenehm überrascht. Das Feedback der Kinder war sehr positiv, und ich fühlte mich reich belohnt durch die Art, wie sie die Meditationen aufnahmen. Alles, womit wir Kindern helfen können, sollte in Betracht gezogen werden, und Meditation gehört bestimmt dazu. Nichts kann die Liebe ersetzen, die wir unseren Kindern geben, aber wir müssen auch ihre innere Sicherheit stärken, damit sie nicht völlig von unserer Liebe und unserer physischen Gegenwart abhängig werden.

Aufgrund meiner Erfahrungen zu Hause und in der Schule schrieb ich mein erstes Buch *Sternenglanz. Phantasiereisen für Kinder bis acht Jahre.* Dieses Buch ist eine Sammlung von Meditationen, die Erwachsene Kindern vorlesen können. Kinder lieben es, wenn ihre Phantasie mit Bildern und Szenen angeregt wird, und sie agieren in den vorgegebenen Szenen. Sie werden selbst zur Fee, sprechen mit Großvater Baum oder schweben auf einer Wolke.

Als ich *Sternenglanz* schrieb, betonte ich, wie wichtig es ist, so früh wie möglich mit Meditation zu beginnen, und nach wie vor kann ich nur raten, diese wunderschöne Erfahrung mit den Kindern zu teilen, solange sie noch klein sind. Wenn man in jungen Jahren damit anfängt, kann

Meditation ganz natürlich zu einem Teil des
täglichen Lebens werden.

Die Rückmeldungen, die ich von Erwachsenen
bekam, waren sehr interessant. Auch sie hatten
Freude an den Meditationen und zogen selbst
großen Nutzen daraus. Eve, die über achtzig-
jährige Mutter einer Freundin in England, sagte,
wenn sie nicht schlafen könne, brauche sie nur
eine der Meditationen in meinem Buch zu lesen
oder an eine zu denken und könne sich damit
sanft in den Schlaf gleiten lassen. Rhonda, eine
andere Freundin, sagte, das weiße Licht, das vom
Stern komme, habe sehr viel Kraft und
intensiviere ihre Meditationen. Andere sagten, sie
gingen mit ihren Kindern in den meditativen
Zustand, und das täte ihnen gut.

Eine Journalistin, die mich interviewte,
erzählte, sie habe nie meditieren können, sei aber
der Ansicht gewesen, sie müsse die Übungen
machen, bevor sie über *Sternenglanz* schrieb. Sie
ließ das Licht vom Stern herunterfließen und war
höchst erstaunt, daß sie fühlen konnte, wie es in
ihren Körper einströmte. Als sie sich von den
Flügeln des Engels umfangen ließ, spürte sie
nicht nur die Federn, sondern sogar die Knochen-

struktur. Natürlich fand sie das sehr aufregend, und sie wird bestimmt noch viele wunderbare Erfahrungen machen, wenn sie sich mehr und mehr der Meditation öffnet.

Meditation, Imagination und Visualisation

Meditieren heißt, an einen inneren Ort zu gehen, wo man mit seiner spirituellen Essenz in Kontakt ist. Wenn man Meditation ernst nimmt, setzt man sich zu einer bestimmten Tageszeit regelmäßig hin und läßt sich durch nichts davon abhalten.

Wenn Sie eine Weile regelmäßig sitzen, werden Sie feststellen, daß Sie immer tiefer nach innen kommen und immer länger im meditativen Zustand bleiben wollen. Es gibt da keine Vorschriften. Mein Vorschlag, morgens und abends etwa zwanzig Minuten lang zu sitzen, ist nur ein Vorschlag. Wenn Sie das Gefühl haben, eine ganze Stunde würde Ihnen gut tun, dann nur zu. Sie werden bald merken, welche Zeit für Sie stimmt.

Meditation kann Ihnen in vielerlei Hinsicht helfen, und Sie werden überrascht sein, wie entspannt Sie sind, wenn Sie sich morgens Zeit zum Meditieren nehmen. Meditation wird nicht automatisch alle Ihre Probleme beseitigen, aber Sie können sie in einem anderen Licht sehen und ihnen mit Ruhe und Heiterkeit begegnen. Ihre Perspektive verändert sich, und manches, was Ihnen vorher Sorgen gemacht oder Sie gereizt hat, werden Sie plötzlich mit anderen Augen sehen.

Wenn Sie sich abends Zeit zum Meditieren nehmen, werden Sie zur Ruhe kommen und im Einklang mit sich selbst tief und gut schlafen können.

Tägliches Meditieren ist eine sehr gute Angewohnheit, die Ihnen hilft, Kraft für den Tag und für die Zukunft zu schöpfen, in Ihre Mitte zu kommen und sich auf Ihre Ziele auszurichten.

In der Regel sind uns solche Gewohnheiten nicht in jungen Jahren beigebracht worden, aber es ist nie zu spät. Wenn wir uns die Zeit nehmen, ein- oder zweimal täglich zu meditieren, wird uns diese Gewohnheit ein Leben lang mit einer selbstverständlichen Leichtigkeit vorwärts tragen. Zu den Früchten gehören innerer Frieden und heitere Gelassenheit, die anders schwer zu erlangen sind.

Meditation kann mit Imagination verbunden werden. Manche Leute halten »Tagträumen« für einen nutzlosen Zeitvertreib, übersehen dabei jedoch, daß ohne Imagination keine Bücher geschrieben und keine Bilder gemalt würden. Aber nicht nur Künstler benutzen ihre Imagination. Auch Naturwissenschaftler, Erfinder, Sportler und viele andere, die Herausragendes leisten, setzen ihre Vorstellungskraft ein, um Ideen und Bilder zu produzieren, die sie dann in die Tat umsetzen. Oft meditieren sie, ohne es so zu nennen.

Wenn wir visualisieren, geben wir unseren Gedanken und inneren Bildern eine konkrete Form, das bedeutet, wir erschaffen Szenen oder Bilder, die etwas mit unserem Alltag oder mit unseren momentanen Bedürfnissen zu tun haben.

Vielleicht steht uns eine Prüfung bevor. Während wir still sitzen, stellen wir uns also vor, welches Resultat wir gern erzielen möchten. Wir sehen uns vor den Prüfungsfragen am Tisch sitzen, sehen, wie wir die Fragen beantworten, Pausen machen, um unsere Gedanken zu sammeln, und dann die richtigen Antworten aussprechen oder aufschreiben. Im Geist gehen wir den Prozeß bis zum Ende durch. Wir sehen und hören, wie die Ergebnisse mitgeteilt werden, und fühlen die Freude über den Erfolg.

So erschaffen wir ein Szenario, das sich im täglichen Leben manifestieren kann, wenn wir stark genug an das glauben, was wir visualisieren. Unser »Tagträumen« ist dann durchaus konstruktiv und keine Zeitverschwendung. Die Kreativität kommt in Fluß, und unsere Gedanken können über unsere derzeitigen Begrenzungen hinaus schweifen und sich entspannt auf das richten, was wir im Leben erreichen wollen. Und das kann alles sein: Kraft, Liebe, eine glücklichere Umgebung, eine bessere Arbeitsstelle, gesteigerte Lernfähigkeit oder bessere Gesundheit.

Was den Glauben an die Realisierbarkeit unserer Visualisationen angeht, können wir von Kindern viel lernen. Kinder haben eine Art des Denkens und Sehens, die Erwachsenen oft abhanden gekommen ist. Sie zweifeln keinen Augenblick daran, daß ihnen der Weihnachtsmann etwas in die Schuhe stecken oder der Osterhase Eier bringen wird. Sie haben keinen Zweifel, daß das Zahngeisterl den Zahn mitnehmen und dafür eine Kleinigkeit dalassen wird.

Es scheint ganz einfach, nicht wahr? Aber ich höre Sie sagen: »Das gehört doch zur Kindheit, und die Erwachsenen machen die Geschenke und verstecken die Eier.« Das stimmt, genauso ist es. Aber die Visualisation des Kindes hat trotzdem funktioniert.

Kinder zweifeln nicht daran, daß sie diese Dinge verdient haben. Wir Erwachsenen hingegen haben meist vergessen, wie wir das bekommen können, was wir brauchen, damit wir mit unserem Leben zufrieden sind. Es klingt vielleicht einfach, daß man das bekommt, woran man stark genug glaubt, aber es kann durchaus funktionieren.

Nachdem ich mein erstes Buch *Sternenglanz* geschrieben hatte, sah ich mich im Fernsehen über Meditation mit Kindern sprechen. Ich war erstaunt und enttäuscht, als es zunächst nicht dazu kam. Ich trat an verschiedene Fernsehsender heran und bekam gesagt, sie seien mit Autoren überschwemmt und hätten keinen Platz für mich im Programm. Ich zweifelte jedoch nicht daran, daß ich irgendwann im Fernsehen über mein Buch sprechen würde. Allerdings war ich ziemlich irritiert, daß es nicht zu dem Zeitpunkt geschah, zu dem *ich* es wollte. Meine Visualisation war stark und überzeugend gewesen, und ich »wußte« einfach, daß sie wahr werden würde.

Was war schiefgegangen? Meine Zeitplanung war falsch. Ich erwartete, daß es sofort nach der Veröffentlichung meines Buches passieren würde, aber das Fernsehinterview kam erst später, und zwar nachdem in einer Illustrierten ein Artikel über *Sternenglanz* erschienen war. Jemand vom Fernsehen hatte den Artikel gelesen, nahm Kontakt zu mir auf, und meine Visualisation wurde wahr. Ein anderer Fernsehsender machte ein Feature über Meditation, und darin erwähnte eine Person, die ich gar nicht kannte, meine Bücher. Wieder war meine Visualisation wahr geworden.

Abgesehen davon wurde ich auch selbst aktiv, um das Wirklichkeit werden zu lassen, was ich visualisiert hatte und woran ich fest glaubte. Ich nahm wieder und wieder Kontakt zu Zeitschriften und Fernsehsendern auf und stellte mich für Buchpräsentationen und Lesungen zur Verfügung. Anfangs fiel es mir schwer, mich in den Vordergrund zu drängen, aber mit der Zeit ging es immer besser. Wenn Sie an das glauben, was Sie tun, sich ein inneres Bild davon machen und all ihre Kräfte in den Dienst dieses inneren Bildes stellen, warum sollte es dann nicht Wirklichkeit werden?

Dieser Prozeß hat mir auch geholfen, als es darum ging, mich von einer ernsthaften Krankheit zu heilen. Auch damals meditierte ich sehr intensiv und in dem festen Glauben, daß es mir gelingen würde, diese Krankheit zu überwinden. Damit einhergehend begab ich mich in ärztliche Behandlung und veränderte meine Ernährungsgewohnheiten und meine Denkweise – und fand Heilung.

Inzwischen setze ich Meditation regelmäßig ein, um das in mein Leben zu bringen, was ich für notwendig halte. Manchmal brauche ich nur sehr wenig, aber es gibt Zeiten, in denen ich darum bitte, daß meine größeren Wünsche erfüllt werden, und es geschieht ohne Ausnahme. Das heißt nicht, daß ich die Hände in den Schoß lege und darauf warte, daß es von allein geschieht. Ich arbeite aktiv auf das Erreichen meiner Ziele hin; gleichzeitig visualisiere ich auf der meditativen Ebene, daß mein Wunsch bereits Wirklichkeit geworden ist.

Die Meditationen in diesem Buch

Alle meine Meditationen finden in einem wunderschönen Garten statt. Das ist kein Garten in der äußeren Welt, sondern einer, den jeder von uns in seinem Innern trägt. Es ist ein Ort, der ganz Ihnen gehört und zu dem Sie jederzeit Zugang haben. Sobald Sie das Gartentor hinter sich geschlossen haben, befinden Sie sich im Frieden und in der Geborgenheit Ihres Gartens.

Doch bevor Sie Ihren Garten betreten, stimmen Sie sich mit dem Stern ein, indem Sie ihn über Ihrem Kopf sehen und sein Licht in Ihren Körper bringen, bis Sie ganz damit angefüllt sind. Der Sorgenbaum, dem Sie all die kleinen und großen Lasten Ihres Alltagslebens übergeben, hilft Ihnen, in ruhiger und unbelasteter Gemütsverfassung in die Meditation zu gehen. Vielleicht dauert es eine Weile, bis Sie richtig von ihm Gebrauch machen können, aber Sie können sicher sein, daß es funktioniert. Kinder lade ich dann immer ein, die großen, weichen Flügel eines Engels um sich zu fühlen. Sie können das auch tun, oder Sie stellen sich vor, daß eine weise Person bei Ihnen ist, die Sie führt und beschützt. Wir alle brauchen dieses

Gefühl, sicher und beschützt zu sein, wie alt wir auch sein mögen.

Nachdem Sie zusammen mit Ihrem Engel den Garten betreten und das Tor von innen geschlossen haben, können Sie jede beliebige Meditation aus diesem Buch wählen oder eigene Bilder entstehen lassen. Bei mir führt immer ein Bild zum nächsten. Sie können auch das Thema einer meiner Meditationen nehmen und es in Ihrem eigenen Stil weiterentwickeln.

Die Meditationen in diesem Buch sind sehr viel mehr als angenehme »Tagträumereien«. Sie sind wirksame Werkzeuge, um Ängste loszulassen und Probleme zu lösen.

Vielleicht sind manche unserer Einstellungen negativ geworden, weil es uns an einer Ziel-richtung mangelt oder weil wir Schwierigkeiten haben, unsere innersten Gefühle und Gedanken zum Ausdruck zu bringen. Es ist auch gut möglich, daß wir die Dinge für schwieriger halten, als sie in Wirklichkeit sind, und daß wir lediglich eine neue Perspektive brauchen, um die Lösung zu erkennen.

Unser Gehirn arbeitet auf verschiedenen Bewußtseinsebenen, nämlich Beta, Alpha, Theta

und Delta. Beta ist die Ebene des Wachbewußt-
seins, auf der wir im Alltag funktionieren. Wenn
wir meditieren, gehen wir in Alpha, in den
Zustand, der uns befähigt, Szenen und Bilder auf
der leeren Leinwand des Geistes entstehen zu
lassen. Wenn wir noch tiefer in die Meditation
eintauchen, können wir auch auf die Theta-Ebene
kommen. Delta ist der Schlafzustand. Den
meisten von uns gelingt es problemlos, auf die
Alpha-Ebene zu gelangen, und sie kehren er-
frischt und erneuert aus diesem Zustand zurück.

Alle Meditationen sind darauf angelegt, eine
Fülle von Sinnesempfindungen zu stimulieren.
Sie fühlen sich geborgen und friedvoll in Ihrem
Garten. Sie spüren, wie die Sonne Sie mit ihren
warmen Strahlen liebkost. Sie sehen die Blumen
und das Gras und hören vielleicht, wie sie
wachsen. Sie öffnen sich all Ihren inneren
Erfahrungen, die jedesmal ein bißchen anders
sind, wenn Sie sich in den meditativen Zustand
begeben.

Viele Meditationen sind dazu da, Sie in die
Entspanung zu führen, damit Sie völlig neue
Dinge in Ihrem Inneren sehen und entdecken
können. Sie wecken vielleicht die Kreativität

Ihres inneren Kindes, die so lange verschüttet war, und schenken sich selbst den langersehnten inneren Frieden.

Manche Meditationen, zum Beispiel solche, in denen Sie reisen, ermutigen Sie, Ihren Geist auszuweiten und sich auf andere Kulturen und völlig neue Erfahrungen einzulassen. Aber warum dort aufhören, wo ich begonnen habe? Sie könnten sich beispielsweise auf eine Zeitreise begeben, indem Sie die *Vater Zeit*-Meditation ausweiten. Sie können vor und zurück gehen in Dimensionen, die Ihnen bisher nie in den Sinn gekommen sind.

Oder Sie entspannen sich einfach und nehmen die Meditationen so, wie sie dastehen, ohne eigene Arbeit zu tun. Lassen Sie sich von den Bildern einfach einhüllen.

Jede Meditation ist anders, und keine sollte Sie irgendwie begrenzen. Fließen Sie einfach mit, tauchen Sie ein und genießen Sie. Sie werden jedesmal eine neue Erfahrung mit zurückbringen. Lassen Sie den Frieden und den Gleichmut, den Sie in der Meditation erleben, in Ihren Alltag einfließen.

Der Berg bietet Ihnen verschiedene Möglichkeiten an, wie Sie den Gipfel erreichen und sich dann so ausdehnen können, daß der Berg ganz klein erscheint. Warum sollen wir akzeptieren, daß wir im Vergleich zum Berg klein sind? Berge sind genau wie Probleme dazu da, daß man sie überwindet. Eine neue Perspektive kann uns helfen, das Problem zu erkennen und es zu lösen.

Examen, Führerscheinprüfungen oder Vorstellungsgespräche lösen oft große Ängste aus. Bin ich gut genug? Werde ich mich an alles erinnern können, was ich gelernt habe? In den Meditationen *Schule* und *Prüfungen* werden Sie Hilfestellungen finden, um solchen Situationen gewachsen zu sein.

Die Farben der Heilung bringt Energie in die Körperbereiche, die Heilung brauchen. Das Visualisieren von Farben kann den Heilungsprozeß entscheidend vorantreiben.

Die Tränen der Vergangenheit führt uns in der Zeit zurück, um alte Verletzungen zu heilen. Diese Meditation hilft uns, Schmerzen und Schuldgefühle loszulassen, an denen wir uns immer noch festhalten. Vielleicht klammern wir uns noch an Themen, die einmal richtig angeschaut werden wollen, um dann endgültig ad acta gelegt zu werden.

Allein meditieren

Entscheiden Sie sich, ob Sie früh am Morgen oder
spät am Abend meditieren wollen oder beides.
Wählen Sie eine Tageszeit, zu der Sie nicht
gestört werden. Setzen Sie sich bequem und mit
aufrechter Wirbelsäule hin und entspannen Sie
sich.

Die einzelne Meditationsphase braucht nicht
sehr lang zu sein, vielleicht zehn bis zwanzig
Minuten. Fixieren Sie im Geist eine Zeitdauer,
und Sie werden feststellen, daß Sie ganz von
selbst zur richtigen Zeit in den Wachzustand
zurückkehren.

Auch wenn Sie allein meditieren, beginnen Sie
immer mit dem *Stern* und lassen sein Licht von
oben in Ihren Körper fließen. Machen Sie Ihr Herz
frei, hängen Sie Ihre Sorgen an den Sorgenbaum,
lassen Sie sich von der weisen Gestalt beschützen
und gehen Sie dann in eine der Meditationen, die
Sie sich vorher gut durchgelesen haben, um sie
sich einzuprägen. Entspannen Sie sich völlig und
lassen Sie in Ihrem Geist die Bilder der
Meditation auftauchen, die Sie sich ausgesucht
haben; verändern Sie sie so, wie es Ihrer

Persönlichkeit oder Ihren gegenwärtigen Bedürfnissen entspricht. Bevor Sie Ihren Garten wieder verlassen und ins Wachbewußtsein zurückkehren, hüllen Sie sich in einen Mantel aus goldenem Licht und schicken die Energie, die Sie benutzt haben, für das Höchste und Beste ins Universum zurück.

In der Gruppe meditieren

Seit Jahren lehre ich Meditation in Gruppen. Die Menschen sitzen auf geraden Stühlen, und ich bitte sie, enge Kleidung zu lockern, die Schuhe auszuziehen und Körper und Geist zu entspannen. Es ist auch empfehlenswert, klimpernden Schmuck abzunehmen und starkes Parfum zu vermeiden. Das kann andere Meditierende stören, deren Sinne geschärft sind.

Ich beginne mit dem *Stern* und führe die Gruppe dann durch die Meditation bis an einen Ort, wo ich sie fünfundvierzig bis sechzig Minuten lang lasse, je nach dem, wie gesammelt die Gruppe ist und wie ich selbst mich fühle. Die Dauer ist Sache des Leiters; wenn Sie finden, daß dreißig Minuten genügen, dann stimmt das für Sie und die Teilnehmer. Wenn die Gruppe neu ist, sollten Sie mit einer kürzeren Zeitspanne beginnen und diese allmählich ausweiten.

Wenn die Zeit abgelaufen ist, hole ich die Gruppe dort ab, wo ich sie zurückgelassen habe. Ich führe die Teilnehmer auf demselben Weg zurück zum Tor, schließe es fest hinter ihnen und bitte sie, die Augen zu öffnen, wenn sie dazu bereit sind.

Manche Leute brauchen dafür länger als andere. Wenn Sie das Gefühl haben, daß jemand zu lange in der Meditation bleibt, rufen Sie ihn beim Namen und fordern ihn auf, in den Raum zurückzukehren.

Am Ende der Meditation hülle ich jeden Teilnehmer in einen Mantel aus goldenem Licht. Ich stülpe diesen Mantel über den Kopf der Person und lasse ihn bis über die Füße herunterfallen. Dann sende ich die genutzte Energie ins Universum zurück.

Wenn Sie als Gruppe meditieren wollen, ist es wichtig, daß sich alle miteinander wohl fühlen. Mit jemandem zu sitzen, der Ihnen nicht angenehm ist, kann Ihre Meditation stören und

die des anderen auch. Ich bin jedoch sicher, daß
nur Leute kommen, mit denen Sie harmonieren,
wenn Sie sich entschließen, eine Meditationsgruppe zu gründen.

Sie werden feststellen, daß es in der Gruppe
leichter sein kann, zu meditieren und im
Entspannungszustand Bilder zu sehen. Wählen
Sie einen Tag und eine Zeit aus, die für alle paßt,
und bleiben Sie dabei. Lassen Sie sich nicht durch
andere Dinge von Ihrer wöchentlichen
Meditationsgruppe abbringen. Regelmäßige
Teilnahme wird allen großen Nutzen bringen.

Es muß eine Person geben, die die Meditation
leitet. Normalerweise ist es am besten, wenn das
jede Woche dieselbe Person ist, aber man kann
auch versuchen, sich abzuwechseln. Die Leiter
werden nicht so tief meditieren können, wie sie
vielleicht möchten. Sie müssen immer einen Teil
ihrer Aufmerksamkeit bei der Gruppe lassen und
auch darauf achten, daß die Zeit eingehalten wird.

Vielleicht kommen Ihnen die Meditationen sehr
kurz vor, wenn Sie sie durchlesen. Bitte denken
Sie daran, sehr langsam und ganz entspannt zu
der Gruppe zu sprechen. Machen Sie Pausen,
damit die einzelnen Bilder tief einsinken können.

Dann kann die Gruppe, die mit geschlossenen
Augen dasitzt und ihre Aufmerksamkeit ganz
nach innen gerichtet hat, die Szene leichter
visualisieren. Es ist von größter Bedeutung, wie
Sie Ihre Stimme benutzen. Am besten sprechen
Sie mit leicht gesenkter Stimme, also etwas tiefer
als gewöhnlich, und zunehmend langsamer und
beruhigender. Eine etwas tiefere, entspannte
Stimme hat eine leicht hypnotische Wirkung, die
in den Meditationszustand hineinhelfen kann.

Die Formulierung der Meditationen

Meine Formulierungen sind als Leitlinie gedacht.
Sie können alles nach Ihrem Gutdünken
verändern. Vielleicht fallen Ihnen noch ganz
wichtige Einzelheiten ein, an die ich nicht gedacht
habe. Machen Sie meine Meditationen zu den
Ihren.

Zur Einstimmung

Die folgende Meditation steht am Beginn aller
anderen Meditationen. Der Stern läßt sein Licht
in die Meditierenden fließen und versetzt sie in
einen entspannten, aufnahmebereiten Bewußtseinszustand. Der Sorgenbaum befeit sie von
alltäglichen Sorgen und Belastungen, und der
Engel oder weise Führer begleitet sie in ihren
Garten.

Stern, Schutzengel und Sorgenbaum

ber deinem Kopf
siehst du einen
leuchtenden Stern,
der mit weißem Licht
erfüllt ist, wunder-
schönes weißes Licht,
das schimmert und
strahlt. Sieh, wie dieses Licht zu dir
herabfließt und den obersten Punkt
deines Kopfes erreicht. Laß das Licht
durch deinen Kopf in deinen Körper
strömen, bis er ganz davon erfüllt ist.

Du spürst, wie das Licht deine Arme hinunterfließt bis in die Hände und in jeden einzelnen Finger.

Das Licht strömt nun in deinen Rumpf, in Brust und Bauch, bis es bei den Beinen ankommt, und wenn du es dort spürst, dann laß es weiter fließen bis in die Füße und in jeden einzelnen Zeh.

Schau in dein Herz und fülle es mit Liebe für alle Menschen und alle Geschöpfe. Kannst du sehen, wie dein Herz immer weiter und weiter wird? Es dehnt sich aus, weil du soviel Liebe darin hegst, Liebe für alle Menschen, für die Tiere und natürlich für dich selbst.

Vor dem Eingang zu deinem Garten steht ein großer alter Baum. Das ist der Sorgenbaum. Häng alles an diesen

Baum, was dir Sorgen macht – vielleicht hast du Probleme bei der Arbeit, in der Schule oder zu Hause. Dieser Baum nimmt alle Sorgen an, wie groß oder klein sie auch sein mögen, er behält alles, was du dort lassen möchtest.

Vor dir steht ein weiser Führer, der geduldig auf dich gewartet hat; er ist immer für dich da und beschützt dich. Spürst du die Liebe, die dir von ihm entgegenströmt? Vielleicht ist es ein Schutzengel, der seine goldenen Flügel um dich legt, bevor er dich in den Garten begleitet. Die Flügel des Engels sind sehr groß und sehr weich, wie Daunen. Jeder Mensch hat seinen eigenen Schutzengel oder weisen Führer. Deiner sorgt für dich und beschützt dich und läßt dich niemals allein. Es ist wichtig, sich immer daran

zu erinnern, daß man jemanden hat,
der liebevoll über einen wacht.

Nimm die ausgestreckte Hand deines
Engels, öffne das Tor, tritt in deinen
Garten ein und schließe das Tor hinter
dir. Du schaust dich staunend um. Noch
nie hast du so leuchtende Farben
gesehen. Die Schönheit der Blumen, der
Farben, des Duftes – atme alles ein.
Das Gras ist tief grün, der Himmel
strahlend blau, getupft mit weißen
duftigen Wolken. Es ist so friedlich in
deinem Garten – so voll Liebe und
Harmonie.

Den Geist befreien

Die folgenden Meditationen geben dem Geist die
Möglichkeit, frei durch Raum und Zeit zu fliegen,
zu sehen, zu hören und zu riechen und die Bilder,
die im Innern auftauchen, mit allen Sinnen zu
erleben.

Die Rose

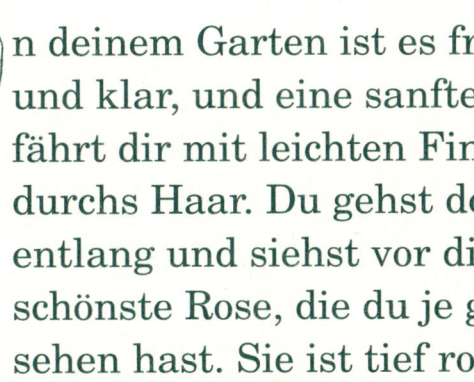n deinem Garten ist es frisch und klar, und eine sanfte Brise fährt dir mit leichten Fingern durchs Haar. Du gehst den Weg entlang und siehst vor dir die schönste Rose, die du je gesehen hast. Sie ist tief rosa, und ihre Blütenblätter sind makellos. Es ist, als würde der Rosenstrauch rein und unbefleckt aus der Erde hervorbrechen. Tautropfen glänzen auf den Blütenblättern, sie reflektieren das

warme Licht der Sonne und schimmern in allen Regenbogenfarben.

Die Rose sieht höchst einladend aus, wie sie ihre Blütenblätter in der leichten Brise wiegt. Möchtest du so klein werden, daß du in die Rose hineinschlüpfen kannst? Und schon spürst du, wie du kleiner und kleiner wirst, bis du so winzig bist, daß dir die Rose riesengroß erscheint.

Du gleitest mit den Fingerspitzen über die seidige Oberfläche der Blüten- blätter und schiebst sie beiseite, um in die Rose hineingehen zu können. Erst spazierst du an den äußeren Blättern entlang, und dann gehst du immer weiter im Kreis herum, bis du dich dem Mittelpunkt der Rose näherst. Laß dir Zeit. Du wirst vielen winzigen Insekten begegnen, die in der Rose leben. Sie scheinen viel zu tun zu haben, laufen eifrig hin und her und reden miteinander. Kannst du verstehen, was sie sagen?

Der Duft wird intensiver, je mehr du dich der Mitte näherst. Am Anfang wird dir fast ein bißchen schwindelig von diesem Duft, bis du dich schließlich daran gewöhnt hast. Jetzt bist du im Herzen der Rose. Die Blütenblätter öffnen sich noch weiter, so daß du in der Rose sitzen kannst. Du spürst die Wärme der Sonne auf deinem Körper und die Luft, die dich umfächelt.

Auf den Blättern liegt Tau. Vielleicht fällt ein Tropfen auf dich herab. Du schüttelst dich ein wenig, und das Wasser spritzt auf die samtigen Blätter. Warum lehnst du dich nicht zurück und genießt den Duft der Rose, der dich sanft umhüllt? Bienen fliegen von Blüte zu Blüte, und eine landet in deiner Nähe. Jetzt, wo du so klein bist, könntest du auf ihren Rücken klettern und mit ihr von einer Blüte zur anderen fliegen.

Oder willst du lieber hier in der Rose bleiben? Die Blütenblätter öffnen sich noch weiter, und du kannst jetzt die Rosenfeen sehen. Jede Rose hat ihre eigene Fee. Die Feen der weißen Rosen sind in Weiß und Gold gekleidet, während die Feen, die zu den roten Rosen gehören, rote Kleider tragen. In ihren Haaren leuchten Rubinen. Die gelben Feen tragen goldene Kleider, und ihre zarten Flügel haben goldene Spitzen. Die rosa Feen haben kleine rosa Rosen ins Haar geflochten. Ihre Kleider sind mit Gold und Silber durch-

wirkt und schimmern in allen Schat-
tierungen von Rosa.

Die Feen sorgen dafür, daß der Duft
der Rosen genau richtig abgestimmt ist.
Wenn er nicht stark genug ist, lockern
sie den Stiel unter der Rosenblüte,
damit der Duft stärker fließt. Ist er zu
stark, dann verengen sie den Stiel.

Möchtest du den Rosenfeen bei der
Arbeit helfen...

Die Höhlenbewohner

Atme den Duft der Bergluft ein, die heute deinen Garten durchströmt. Sie ist frisch und erquikkend und streicht dir sanft übers Gesicht.

Du bist von Bergen umgeben. Einer lockt dich besonders. Auf einen Berg zu steigen, ist nicht so schwer, wie es dir vielleicht vorkommt. Du trägst feste

Bergschuhe und bist warm angezogen, so daß dir Kälte bestimmt nichts ausmachen wird. In deinem Rucksack hast du reichlich Proviant.

Auf dem Weg nach oben betrachtest du die Gesteinsformationen und entdeckst Blumen, die aus Felsspalten herauswachsen. Immer weiter wanderst du mit sicherem Schritt in die Höhe; die Luft wird immer frischer, aber du spürst keine Kälte.

Du schaust zurück ins Tal und staunst, wie hoch du schon gestiegen bist; wenn du nach oben schaust, siehst du, daß es nicht mehr sehr weit zum Gipfel ist.

Kannst du erkennen, was sich da ganz oben auf der Bergspitze bewegt? Es ist eine weiße Bergziege. Sie hüpft höchst anmutig von Fels zu Fels, ohne je zu stolpern. Sie ist absolut trittsicher und lebt sehr gern hier oben in den Bergen. Richte deinen Blick auf die Ziege und versuche, dorthin zu kommen, wo sie ist. Vielleicht bist du genau so geschmeidig und trittsicher wie sie.

Hast du die Höhle gesehen, die dort hinten neben dem Pfad liegt? Nicht jeder entdeckt sie, aber deinen scharfen Augen entgeht kaum etwas. Hättest du nicht Lust, dich in dieser Höhle ein bißchen auszuruhen?

Du gehst hinein und bist überrascht, wie warm es in der Höhle ist. Der Geruch von trockener Erde vermischt sich mit der frischen Luft. Es ist nicht dunkel. Du kannst erkennen, daß noch weitere Höhlen von dieser abführen. Ich höre etwas – hörst du es auch? Vielleicht könntest du noch tiefer in die Höhle hineingehen, um zu sehen, wer da ist.

Ja, es gibt Wesen, die in diesen Höhlen wohnen, sie heißen Höhlenbewohner. Wußtest du, daß die Höhlenbewohner sehr scheu sind und auch selten Besuch bekommen, weil sie so hoch oben in den Bergen wohnen? Die meisten Leute, die hier herauf kommen, scheinen den Höhleneingang gar nicht zu bemerken.

Die Höhlenbewohner schützen die Berge und die Tiere, die hier leben. Würdest du gern eine Weile bei ihnen bleiben? Vielleicht nehmen sie dich mit auf den Berggipfel. Du wirst es bestimmt genießen, auf dem Gipfel zu stehen, mit dem grenzenlosen Himmel über dir und der großen Weite um dich herum…

Das Schloß

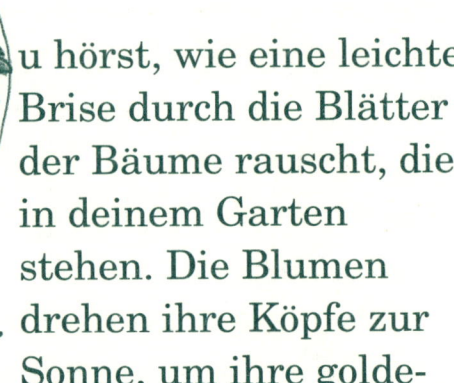

u hörst, wie eine leichte Brise durch die Blätter der Bäume rauscht, die in deinem Garten stehen. Die Blumen drehen ihre Köpfe zur Sonne, um ihre goldenen Strahlen aufzufangen.

Es gibt viele Dinge in deinem Garten, die du noch nicht erforscht hast. Hast du dich je gefragt, wie es wäre, in einem Schloß zu leben? Vielleicht möchtest du es ausprobieren, wenigstens für eine kleine Weile.

Siehst du das Schloß dort oben auf dem Berggipfel? Es hat viele Türme, die in den Himmel aufragen, und ist von einem Wassergraben umgeben. Um auf den Berg zu kommen, könntest du den Skilift nehmen oder die Zahnradbahn. Du könntest aber genausogut zu Fuß hinaufsteigen; es wird dir bestimmt nicht schwer fallen, denn du kannst alles tun, was du dir vorstellst.

Du stehst jetzt vor dem prachtvollsten Schloß, das du je in deinem Leben gesehen hast. Die Zugbrücke ist extra für dich herab-gelassen worden. Der Burggraben ist mit Wasser gefüllt, darin schwimmen goldene Fische, und weiße und schwarze Schwäne gleiten vorüber.

Vor dir siehst du ein mächtiges Holztor. Bitte es, sich zu öffnen, und es wird aufschwingen und dich einlassen.

Du kommst in weite Gemächer mit hohen Decken. Die Stühle und die Tische sind goldverziert, und die Portraits an den Wänden zeigen Menschen, die du kennst. Das bunte Glas in den Fenstern scheint seine Farben zu verändern, wenn die Sonnenstrahlen hindurchfallen.

Sieh, da ist eine schmale Wendel-treppe, die dich zu den Privatgemächern führt. Hier ist ein Zimmer nur für dich reserviert. Dieser Raum enthält alles, was du gern hast, und alles, wovon du glaubst, daß du es gern haben könntest. Hier kannst du entweder ganz für dich allein sein oder andere Menschen einladen.

Vielleicht möchtest du jetzt in einen
Turm des Schlosses steigen. Diese
Treppe ist noch schmaler, aber wenn du
oben bist, hast du einen weiten
Rundblick über das Land. Ich glaube,
ich lasse dich hier...

Fliegen

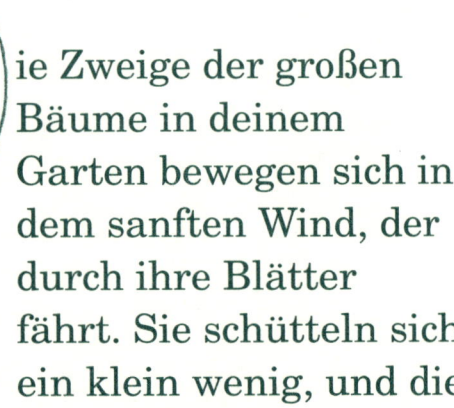

ie Zweige der großen Bäume in deinem Garten bewegen sich in dem sanften Wind, der durch ihre Blätter fährt. Sie schütteln sich ein klein wenig, und die Vögel fliegen auf, die dort ihre Nester haben.

Schau, wie die Vögel hoch in den Himmel steigen und dann wieder tief nach unten tauchen. Sie scheinen kein

Gewicht zu haben und können tun, was immer sie wollen. Mit einem kleinen Flügelschlag steigen sie auf oder nieder. Wenn sie landen wollen, fixieren sie einfach einen Punkt auf der Erde und passen ihre Geschwindigkeit genau ihrem Ziel an.

Hast du dir schon einmal vorgestellt, ein Vogel zu sein? Es muß herrlich sein, die Freiheit des Fliegens zu erleben, die Luft vorbeiströmen zu fühlen, während man höher und höher steigt, immer auf der Suche, den Blick immer nach vorn gerichtet.

Warum wirst du nicht zu einem Adler? Er hat einen so festen starken Körper und eine gewaltige Spanne von einer Flügelspitze zur anderen.

Spüre, wie du als Adler durch die Lüfte segelst. Du bist jetzt so hoch oben, daß du durch die Wolken stößt, die einen feinen Tropfenschleier auf deinen Federn hinterlassen. Die Welt auf der anderen Seite der Wolken ist klar und strahlend und schön.

Kreise eine Weile über den Wolken. Du brauchst nichts weiter zu tun, als deine Flügel auszubreiten und dich gleiten zu lassen. Du steigst noch höher und stürzt dich dann plötzlich nach unten durch die Wolken, bis du die Erde siehst.

Du gleitest langsam über die Erde und suchst dein Nest, den Adlerhorst. Kannst du ihn sehen – dort auf dem Berggipfel? In großen Kreisen schraubst du dich nach unten, deine herrlichen Flügel sind weit ausgebreitet, und du genießt den Wind, der deine Federn im Flug glättet.

Behutsam läßt du dich ins Nest
herab, wo die Adlerjungen dir ihre
Hälse entgegenrecken. Ihre Schnäbel
sind offen, denn sie warten krächzend
auf Nahrung. Noch sind die Nestlinge
klein und nicht sehr stark, aber bald
werden sie so weise und groß sein wie
du. Dann kannst du sie auf deinen
Streifzügen durch den grenzenlosen
Himmel mitnehmen...

Die Sonne und ihr Licht

ie Sonne sendet ihr
Licht in deinen Garten.
Du spürst, wie sie
deinen Körper mit
ihren warmen Strahlen
streichelt und wie der
Wind in deinen Haaren
spielt. Das Licht strömt durch die
Blätter der Bäume und läßt Blumen in
Rosa, Lila, Gelb und Rot zu voller
Schönheit erblühen. Der wunderbare
Duft der weißen Gardenie mischt sich

mit dem der Magnolie. Kleine weiße Wölkchen segeln über den azurblauen Himmel. Die Sonne hängt wie ein riesiger goldener Ball am Firmament und schenkt allen Geschöpfen ihr Licht und ihre Wärme.

Sieh dich um. Siehst du, wie die Rehe und Hirsche zwischen den Bäumen stehen und die Kaninchen aus ihrem Bau hervorkommen? Sie mögen es, wenn die Sonne ihren Pelz wärmt. Auch du genießt die Wärme der Sonne und räkelst dich in ihrem Licht. Die sanften Strahlen durchdringen deinen Körper, und du fühlst dich so stark und kräftig wie schon lange nicht mehr.

Die Sonne läßt einen ihrer Strahlen direkt vor deine Füße fallen. Du stellst dich in diesen Lichtstrahl und läßt dich nach oben tragen. Das Licht hebt dich höher und höher, und du fühlst die sanfte Wärme, die deinen Körper umfängt und dich hält und trägt, bis du auf der Sonne angekommen bist.

Auf der Sonne zu sein, ist anders als alles, was du je erlebt hast. Es ist fast so, als wäre die Kraft der Sonne in einem Strahlengitter eingefangen, welches das Licht immer dort aufleuchten läßt, wo es am meisten gebraucht wird.

Die Sonne ist von Wesen bewohnt, die ihr Licht auf die Erde lenken, um das Leben dort zu erhalten. Möchtest du diese Wesen des Lichts und der Wärme kennenlernen und erfahren, wie sie dich hierher, ins Zentrum des Sonnensystems gebracht haben...

Über Grenzen reisen

Die folgenden Meditationen sind nicht nur für
Lehnstuhlreisende gedacht, die vielleicht
körperlich nicht in der Lage sind, größere Reisen
zu machen. Auch hier geht es in erster Linie
darum, den Geist frei fliegen zu lassen – diesmal
in fremde Länder, die es zwar wirklich gibt, die
man jedoch normalerweise nicht ganz so schnell
und mühelos erreicht.

Die Welt

In deinem Garten herrscht eine erwartungsvolle Stimmung. Die Tiere sitzen unter den Bäumen, und die Blumen schwingen ihre Blütenkelche hin und her und erzeugen so einen bunten Regenbogen. Die Luft ist still und friedlich und weckt deine Lust, zu reisen und die Welt zu sehen. Eine wunderbare Erfahrung steht dir bevor, die du in vollen Zügen genießen wirst.

Die meisten Menschen reisen mit dem
Auto, dem Zug, dem Schiff oder dem
Flugzeug, und manche legen die langen
Strecken zwischen den Ländern sogar
zu Fuß zurück – aber du kannst jetzt
völlig anders reisen.

Stell dich einfach auf die Wiese in
deinem Garten und spüre, wie sich
deine Füße vom Boden heben. Du
brauchst dazu keine Flügel, außer du
hättest gern welche. Dein Körper
schwebt durch die Luft und hebt sich
höher und höher. Wie merkwürdig alles
aussieht, wenn du nach unten schaust –
alles ist plötzlich so winzig.

Während du so über der Erde
schwebst, bemerkst du, daß von einem
bestimmten Punkt ein helles Licht
ausgeht. Das ist der Ort, den du
besuchen wirst. Du fühlst dich getragen

von der weichen Luft und läßt deine Hand an den Wolken vorbeistreichen, während du nach unten gleitest zu dem Ort, den du dir ausgesucht hast.

Es sieht aus, als hättest du dich für einen Safaripark entschieden. Du bist der Erde nun schon so nahe, daß du die Landschaft unter dir erkennen kannst. Die Bäume und das Gras sehen ganz anders aus als zu Hause. Einige Landstriche sind ganz trocken, andere stehen in saftigem Grün. In diesen weiten offenen Räumen leben viele Tiere. Nashörner und Elefanten genießen ein Bad im Fluß, und Antilopen führen ihre Jungen zum Trinken ans Ufer.

Auf einem großen Felsen, von dem aus man den Fluß und die Ebene gut überblicken kann, lebt eine Löwen-

familie. Warum landest du nicht hier
und gesellst dich zu ihnen? Der Pelz
der Löwen ist rauh, aber wunderbar
warm, und sie lassen sich gern
streicheln. Die Löwenkinder spielen
und tollen herum. Sie kullern über-
einander, weil jedes zuerst bei dir sein
und gestreichelt werden möchte. Die
Felsen sind ganz warm von der Sonne,
und es ist herrlich, mit den Löwen dort
zu sitzen.

Von dort, wo du sitzt, kannst du das
Wasserloch sehen, wo die Tiere jeden
Abend zusammenkommen – Nashörner,
Elefanten und Giraffen. Affen
schwingen sich von Ast zu Ast, Zebras
kommen und Büffel, die eine riesige
Staubwolke aufwirbeln.

Vielleicht möchtest du mit den Tieren
baden, oder du bleibst bei den Löwen

hier auf dem Felsen und schaust den
Tieren am Wasserloch von oben zu...

Ägypten

Die Luft ist warm, und
die Bäume breiten ihre
Zweige schützend über
die Tiere, die ihren
Schatten suchen. Es ist
hier so absolut still,
daß du das Gefühl hast,
du könntest eine Reise in eine andere
Zeit, ein anderes Land machen.

Du spürst, wie du deinen Garten
verläßt und höher und höher steigst,
dich durch den grenzenlosen blauen

Himmel treiben läßt und ab und zu an einer Wolke vorbeistreichst, bis du den Punkt siehst, wo du landen willst. Du bist von Sand umgeben, endlosem goldenem Sand, der in der Sonne schimmert. Du befindest dich in der Wüste von Ägypten. Schau, deine Kleider haben sich verändert, du trägst jetzt ägyptische Kleider. Ein langes Gewand schützt deinen Körper vor den Sonnenstrahlen, und das Tuch, das deinen Kopf bedeckt, fällt bis auf deine Schultern herab.

Ein Kamel kommt auf dich zu und legt sich vor dir in den Sand. Über seinem Höcker liegt eine Decke, die rot und orange gemustert ist. Zügel hängen in einem Halbkreis um seinen Hals, und an der Seite baumeln lange Steigbügel. Du stellst deinen Fuß in

einen der Steigbügel, schwingst dich
hinauf und nimmst die Zügel in die
Hand.

Es ist ein komisches Gefühl, auf dem
Rücken eines Kamels gewiegt zu
werden, ganz anders als auf einem
Pferd. Das Kamel ist erstaunlich
schnell mit seinen langen Beinen. Es
bringt dich zu einer Oase, auf der
Palmen dicht beieinander stehen und
wo du in einem kühlen Teich baden
kannst. Iß von den Datteln, wenn du
hungrig bist, und falls du Gesellschaft
willst, dann setz dich zu den anderen
Reisenden, die sich hier ausruhen,
bevor sie weiterziehen.

Alle bereiten sich jetzt darauf vor, die
Oase zu verlassen. Die Kamele lassen
die Reiter wieder aufsitzen. Vielleicht
ziehst du mit ihnen mit, denn sie wollen

die Wüste durchqueren, um andere
Teile Ägyptens kennenzulernen.

Die Sonne brennt herunter, aber
deine Kleider schützen dich vor der
Hitze, und die Luft bringt dir Kühlung,
als dein Kamel schneller wird, um mit
den anderen mitzuhalten.

In der Ferne siehst du ein sehr
eigenartiges Gebäude mit vier Ecken
und einer Spitze in der Mitte. Es ist
eine der Pyramiden, welche die alten
Ägypter als Grabmal für ihre Könige
gebaut haben. Viele Felsquader waren
nötig, um diese Pyramide zu errichten.

Wenn du genau hinschaust, entdeckst
du ziemlich weit oben eine Tür, die in
die Pyramide führt. Du kletterst hinauf.
Im Innern der Pyramide ist es kühl, es
riecht ein bißchen modrig, und du
siehst eine schmale Treppe, die ins

Zentrum des Gebäudes führt. Du steigst die Treppe hinauf und kommst zur Königskammer. Dort steht ein Sakrophag, in dem der König zur letzten Ruhe gebettet wurde. Die Menschen haben ihm Juwelen und Gold zum Geschenk gemacht, kostbare Halsketten, Ringe mit großen Edelsteinen, Armreifen und vieles mehr, was du staunend betrachtest.

Wenn du genug gesehen hast, gehst du denselben Weg zurück, bis du wieder im hellen Licht der Sonne stehst. Nicht sehr weit von der Pyramide entfernt erblickst du eine große Statue. Sie hat den Körper eines Löwen und den Kopf eines Menschen. Das ist eine Sphinx. Geh näher hin, und du wirst sehen, wie riesig sie im Vergleich zu dir ist. Wie mag sie wohl entstanden sein? Sehr

viele Menschen müssen daran gearbeitet haben, und sehr sehr viele Steine
müssen sie dafür gebraucht haben...

Amerika

ie Sonne steht wie ein
riesiger goldener Ball
am Himmel, die Bäume
wiegen sich in der
sanften Brise, und
Blumenduft liegt in der
Luft. Da kommt eine

große weiße Wolke geflogen und landet
genau vor deinen Füßen.

Die Wolke trägt dich weit fort über
das Meer, bis sie plötzlich Halt macht
und langsam nach unten schwebt. Das

erste, was dir in die Augen fällt, ist die Freiheitsstatue, die sich stolz über dem Hafen von New York erhebt.

Du landest auf ihrem Kopf – federleicht wie ein Vogel. Jetzt schaust du dich um und siehst die Wolkenkratzer in den Himmel ragen, ein jeder versucht seine Nachbarn an Höhe zu übertrumpfen. Du fliegst zum Empire State Building und landest auf dem Dach. Ganz weit unter dir siehst du die Menschen, die hier leben. Sind sie nicht winzig, von hier aus gesehen?

Jetzt verläßt du New York und fliegst quer über ganz Amerika. Du kannst in allen Städten landen, die dir gefallen.

Du kannst dich sogar in der Zeit zurückbewegen und das Land so erleben, wie es vor langer langer Zeit war, als es noch von den Indianern bewohnt wurde.

Siehst du die vielen Zelte dort? Rauch steigt von den Lagerfeuern auf. Du landest neben dem größten Zelt. Du brauchst nicht mit den Perlenschnüren zu klimpern, mit denen der Eingang verhängt ist, um dich bemerkbar zu machen. Die Menschen, die hier leben, haben schon auf dich gewartet.

Der Häuptling kommt dir entgegen. Sein Name ist Rennender Hirsch. Er trägt seinen Federschmuck, streckt dir die Hände zum Willkommensgruß entgegen und bietet dir eine Friedenspfeife an. Du mußt sie nicht rauchen, aber nimm die Pfeife aus seiner Hand entgegen und danke ihm für die freundliche Geste.

Rennender Hirsch ruft seine Männer zusammen und fordert sie auf, die Pferde zu satteln, weil er mit dir aus-

reiten will. Du kannst dir aussuchen,
welches Pferd du haben willst – das
kräftige schwarze, das seinen Kopf nach
hinten wirft und sich aufbäumt, oder
vielleicht das weiße, das mit dem Huf
am Boden scharrt? Aber da gibt es auch
noch ein scheckiges Pony, wäre das
vielleicht etwas für dich?

Du schwingst dich auf den Rücken
des Pferdes, und ab geht die Post. In
donnerndem Galopp rast ihr über die
Ebene, bis ihr eine hohe Klippe
erreicht. Rennender Hirsch hält die
Hand hoch zum Zeichen, daß du stehen-
bleiben sollst. Sei einen Augenblick still
und sieh, wohin er deutet. Dort unten
stampft eine Büffelherde über die
Prärie. Die herrlichen Tiere laufen mit
gesenktem Kopf und wirbeln eine
riesige Staubwolke hinter sich auf.

Rennender Hirsch möchte dir zeigen,
wie man sich durch Rauchsignale mit
einem anderen Lager verständigt. Er
schickt eine Botschaft an Starker Adler,
der zu einem anderen Stamm gehört,
und fordert ihn auf, mit seinen
Männern herzukommen, um dich zu
begrüßen. Ihr bleibt stehen und wartet,
bis sie da sind…

Italien

Die frische Luft streicht dir über die Wangen und spielt mit deinen Haaren. Du bekommst Lust zu fliegen, aufzusteigen und durch die Luft zu segeln – rund um die Welt. Dazu brauchst du kein Flugzeug, nicht einmal Flügel, aber wenn du gern welche hättest, kannst du sie einfach aus deinem Rücken wachsen lassen.

Da du ganz allein fliegst, mußt du nichts im voraus planen. Schau dir die Welt einfach an, über die du schwebst; vielleicht gibt es einen Punkt auf dem Globus, der dich besonders anzieht.

Du landest in Italien, mitten auf dem Petersplatz in Rom. Der Platz ist voller Menschen, die den Petersdom besuchen wollen, eine riesengroße alte Kirche mit vielen Säulen, bemalten Kuppeln und Statuen aus weißem Marmor. Wenn du draußen auf dem Platz bleibst, erscheint vielleicht der Papst auf seinem Balkon und segnet all die Menschen, die sich dort versammelt haben.

Du gehst weiter zum Kolosseum. Das ist ein Stadion, in dem vor langer, langer Zeit Wettkämpfe zwischen Menschen und wilden Tieren statt-

gefunden haben. Jetzt wird es nicht
mehr benutzt, nur Leute wie du sind
dort, die etwas über die Vergangenheit
erfahren wollen.

Du breitest deine Flügel aus und
fliegst ein Stück weiter, nach Nordosten
– und landest in einer Gondel mitten in
Venedig. Langsam gleitet die Gondel
über die Kanäle, vorbei an prachtvollen
Palästen bis hinaus in die Lagune.

Vielleicht möchtest du eine Weile in
Venedig bleiben oder weiterreisen, nach
Florenz oder nach Mailand. Dort
könntest du in die Skala gehen, ein
berühmtes altes Opernhaus. Du setzt
dich in eine Loge mit roten Samtvor-
hängen und lauschst der wunderschönen Musik...

Australien

eute ist irgend etwas anders in deinem Garten. Die Sonne sendet ihre warmen Strahlen herab und badet dich in ihrem sanften Licht. Der Himmel ist dunkelblau und mit ein paar zarten Wolkentupfern verziert.

Es sind viele Tiere da – lauter Tiere, die in Australien leben. Koalabären, Emus, Känguruhs und Schnabeltiere.

Die kleinen Koalas klammern sich auf dem Rücken ihrer Mütter fest. Und sieh mal dort, das Känguruh – ein kleiner Kerl spitzt immer wieder aus dem Beutel hervor. Jetzt hat er sich entschieden, sitzenzubleiben und sich die Gegend anzuschauen. Er läßt seine winzigen Pfoten über den Rand des Beutels baumeln.

Emus sind riesengroße Vögel. Sie haben einen langen Hals, Beine dünn wie Stöcke und einen schweren Körper mit langen Federn. Und sie können sehr schnell laufen. Du kletterst einem auf den Rücken, hältst dich am Hals fest – und los gehts in schnellem Schritt. Der Emu setzt dich am Fuß eines riesengroßen roten Felsens ab. Das ist Ayers Rock, der größte Felsen der Welt. Er ist so lang und breit, daß du Stunden bräuchtest, um ihn zu umrunden.

Bei Sonnenaufgang und bei Sonnenuntergang verändert der Felsen seine Farbe, je nachdem wie die Sonnenstrahlen darauf fallen. Im Moment ist er ganz in strahlendes Goldgelb getaucht und erhebt sich groß und mächtig in den tiefblauen Himmel.

Menschen kommen auf dich zu. Sie tragen nichs als einen Lendenschurz und haben sich Brust und Gesicht mit weißen Mustern bemalt, die sich deutlich von der dunklen Haut abheben. Das sind die Aborigines, die Ureinwohner Australiens, die hier leben.

Sie geben auch dir einen Lendenschurz und bemalen deinen Körper, wie es bei ihnen Sitte ist.

Der Felsen, der in ihrer Sprache
Uluru heißt, ist den Aborigines heilig.
Niemand darf seine Höhlen betreten,
bevor er von ihnen für würdig befunden
wurde.

Sie führen dich in eine Höhle, deren
Eingang hinter dichten Büschen
verborgen ist. Es dauert ein paar
Minuten, bis sich deine Augen an die
Dunkelheit gewöhnt haben, aber
schließlich erkennst du Malereien an
den Wänden. Sie sind Tausende von
Jahren alt.

Draußen zeigen dir deine Freunde
eine Stelle, die »das Gehirn« genannt
wird. Dort haben die Kräfte der Natur
ein Muster eingekerbt, das aussieht wie
ein menschliches Gehirn.

Der Stammesälteste hat dir einen
Bumerang und ein Didgerido mitge-

bracht. Ein Didgerido ist ein langer
hohler Ast, auf dem man Musik machen
kann. Deine neuen Freunde zeigen dir,
wie man auf dem Didgerido spielt.
Kinder kommen dazu und tanzen im
Kreis...

Kreativität

Vielleicht haben Sie nie Klavier gespielt oder ein richtiges Gemälde zustandegebracht – obwohl Sie es liebend gern tun würden, wenn Sie nur ein bißchen begabter wären... In der Meditation können Sie alles tun, was Sie sich wünschen. Und vielleicht gibt Ihnen diese Erfahrung den Mut, den Sie brauchen, um eine schöpferische Tätigkeit in Angriff zu nehmen.

Natürlich können Sie die folgenden Meditationen auf kreative Tätigkeiten aller Art anwenden. Verändern Sie den Text einfach Ihren Wünschen entsprechend.

Die Staffelei

u gehst den Gartenweg entlang und spürst die Sonne auf deinem Rücken. Eine leichte Brise fährt durch deine Haare, während du den Hügel hinauf zu einem Aussichtspunkt steigst, von dem aus du weit übers Land schauen kannst.

Tief unter dir liegt ein Tal, durch das sich ein glänzender Fluß windet. Ein paar Pferde grasen am Ufer, und noch ein paar stehen im Schatten der großen Bäume, die ihre Zweige über das Flußufer breiten. Kühe und Schafe weiden im tiefgrünen Gras.

In der Ferne ragen hohe Berge auf, deren Gipfel mit Schnee bedeckt sind. Ein paar Wolken sitzen wie Mützen auf den Gipfeln, andere hängen wie Röcke an den steilen Felswänden. Du bekommst Lust, diese Szene zu malen.

Und siehe da – vor dir steht eine Staffelei, auf der eine Leinwand fertig aufgespannt ist. Alle Farben, die du brauchst, stehen bereit und alle möglichen Pinsel, dicke und dünne, breite und schmale. Lappen liegen da, an denen du die Pinsel und deine Hände abwischen kannst, und sogar ein Malerkittel und eine rote Baskenmütze, die genau auf deinen Kopf paßt. Du

kannst nach Herzenslust mit den
Farben herumspritzen und brauchst
keine Angst um deine Kleider oder
deine Haare zu haben.

Male, was dir Spaß macht: große,
dicke Farbkleckse oder feine Linien, mit
einem Pinsel oder mit zwei Pinseln
gleichzeitig.

Wenn du merkst, daß du müde wirst,
legst du dich einfach ins Gras und ruhst
dich aus ...

Das Klavier

Die Bäume in deinem Garten winken mit den Zweigen und zeigen dir den Weg zu einer Lichtung. Viele Tiere sind dorthin gekommen und warten schon auf dich. Ein leichter Wind trägt den Duft der Blumen durch die Lüfte.

Mitten auf der Lichtung steht ein Klavier, ein schwarzglänzender, elegant geschwungener Flügel, dessen Deckel

von einem Stab offengehalten wird.
Das Klavier möchte gespielt werden,
und es wartet nur darauf, daß deine
Finger die Tasten berühren.

Auf dem Hocker vor dem Klavier
liegen Notenblätter. Such dir das Stück
aus, das du gern spielen möchtest, stell
das Blatt vor dich auf den Noten-
ständer, lege deine Hände auf die
Tasten, schau auf die Noten und fang
an zu spielen.

Vielleicht denkst du, du könntest
nicht spielen, aber hör nur – eine
wunderschöne Melodie erklingt. Es ist,
als wären deine Finger und das Klavier
eins.

Wenn du nicht nach Noten spielen
willst, kannst du auch improvisieren.
Leg einfach deine Hände auf die Tasten
und spiele nach Herzenslust. Deine

Gefühle fließen durch deine Hände in die Tasten und werden Musik.

Die Tiere lauschen deinen Melodien, und plötzlich sind auch Menschen da, die deine Musik hören wollen. Du veränderst das Tempo und den Rhythmus, und die Leute fangen an zu tanzen. Deine Finger werden immer schneller und spielen fast von allein. Du bist glücklich und möchtest am liebsten gar nicht mehr aufhören zu spielen...

Ein Traum wird wahr

Die Luft in deinem Garten ist frisch und klar, und du riechst den zarten Duft der Blumen, den der Wind zu dir herüberweht. Plötzlich stehst du vor einem Tor. Es ist kein schweres Tor, sondern eins, das du nur anzutippen brauchst, damit es sich öffnet. Was immer du dir wünschst, was immer du für dich erreichen möchtest, hier ist alles möglich.

Vielleicht siehst du dich auf einem Fußballfeld, und Tausende von Menschen jubeln dir zu, während du den Ball ins Tor schießt. Oder es ist ein Tennisplatz, und das Publikum schaut dir zu, wie du einen Punkt nach dem anderen machst.

Vielleicht siehst du dich in einer Universität, wo du gerade das Diplom verliehen bekommst, für das du so hart gearbeitet hast.

Oder du stehst auf einer Bühne und bist Schauspieler oder vielleicht Rocksänger, und der ganze Saal liegt dir zu Füßen. Am Ende der Vorstellung stehen alle Leute auf und klatschen ohne Ende. Liebe zu diesen Menschen und zu dir selbst durchströmt dich, und du weißt, daß das, was du tust, zu diesem Zeitpunkt genau das richtige ist.

Du erlebst dich als vollkommen –
ohne Fehler und ohne Probleme; es gibt
keine Grenzen. Alles in deiner Welt ist
gut und richtig...

Ziele erreichen

Manchmal erscheinen uns unsere Ziele in so
weiter Ferne und so schwer zu erreichen, daß wir
am liebsten aufgeben oder zumindest die Arbeit
»auf morgen« verschieben würden. Sie können
Ihre Meditation nutzen, um das Erreichen Ihrer
Ziele vorzubereiten, indem Sie es visualisieren.
Stellen Sie sich vor, daß Sie das, was Sie erreichen
möchten, bereits erreicht haben, sehen Sie sich
selbst, wie Sie erfolgreich sind, und fühlen Sie das
Glück und die Dankbarkeit, die mit diesem Erfolg
einhergehen. Um erfolgreich zu sein, brauchen
wir ein positives Selbstbild, und daran können wir
im meditativen Zustand arbeiten.

Schule

In deinem Garten ist es friedlich und heiter, der Himmel ist zart blau, und kleine weiße Wolken treiben langsam vorüber. Die Erdbeeren sind reif und leuchten dir rot entgegen. Du pflückst eine Handvoll und ißt sie, während du weitergehst.

Du kommst zu einem Gebäude, das von Blumen eingerahmt und über und über mit dunkelgrünem Efeu bewachsen ist. Neugierig gehst du hinein, läufst den Flur entlang, schaust in jedes Zimmer und betrittst schließlich eins davon.

Ein Lehrer steht an der Tafel und erklärt etwas, Mathematik vielleicht oder Rechtschreiben – irgend etwas, womit du Schwierigkeiten hast.

Du fühlst dich wie ein Schwamm, der alles aufsaugt, was der Lehrer erklärt. Und was noch wichtiger ist: Du bist nicht nur in der Lage, alles aufzunehmen, du verstehst es auch.

Hör deinem Lehrer weiter zu und beobachte seine Bewegungen und seinen Gesichtsausdruck, während er den Stoff erklärt. Dein Gehirn kann genau unterscheiden zwischen dem, was du jetzt wissen mußt, und dem, was im Moment nicht so wichtig ist.

Nimm einen Stift und ein Blatt
Papier und schreib auf, was du fühlst.
Fühlst du dich gut beim Lernen? Magst
du deinen Lehrer, deine Lehrerin?
Möchtest du mehr lernen, als du bereits
weißt? Möchtest du verstehen, was du
mit diesem Wissen anfangen kannst,
wenn du die Schule verläßt? Welche
Fragen du auch haben magst, schreib
sie alle auf. Wie glaubst du, könnte sich
dein Lernen verbessern?

Denk mal an die Dinge, die du gern
tun möchtest, wenn du aus der Schule
kommst. Möchtest du auf die Universität gehen oder vielleicht auf eine
Fachhochschule? Oder möchtest du ein
Handwerk lernen? Was immer du
willst, kannst du auch erreichen. Du
hast die Fähigkeit, das aufzunehmen,
was dein Lehrer sagt, es zu verstehen

und anzuwenden und das Beste aus dir
herauszuholen.

Nimm den Stift und ein neues Blatt
Papier. Rufe dir alle mathematischen
Gleichungen ins Gedächtnis, die du
früher für schwierig gehalten hast und
die dir jetzt ganz leicht vorkommen.
Schau dir Englisch oder Französisch an,
die Fremdsprache, die dir bisher
Probleme gemacht hat. Jetzt kommt dir
alles viel leichter vor. Du weißt, daß du
alles erreichen kanst, was du dir
vornimmst. Dein Gehirn läßt dich nicht
im Stich...

Prüfungen

er Frieden und die
Ruhe in deinem Garten
hüllen dich ein wie ein
Mantel. Du bist ent-
spannt und hast das
Gefühl, gut vorbereitet
zu sein. Tiere sind
gekommen, und vielleicht bleibst du
eine Weile bei ihnen und spürst ihre
Gelassenheit, bevor du den Raum
betrittst, in dem die Prüfung statt-
findet.

In wenigen Minuten wird sie beginnen. Du hast aber noch genug Zeit, um dich hinzusetzen, deine Sachen bereitzulegen und dich zu entspannen, bevor es losgeht.

Du atmest ein und spürst, wie die Luft in deine Lungen strömt, tiefer und immer tiefer. Laß die Luft dann ganz langsam wieder ausströmen und fülle deine Lungen erneut von oben nach unten. Beim Ausatmen leeren sich die Lungen wieder ganz langsam von unten nach oben – in sanftem und stetigem Fluß.

Entspanne deinen Körper. Stell dir vor, daß er in ein Luftkissen einsinkt und von der Luft gestützt wird. Dein Nervensystem ist ganz ruhig, dein Herz schlägt stark und regelmäßig, und dein Atem fließt ganz langsam. Du bist bereit für die Prüfung und siehst ihr gelassen entgegen.

Du weißt, wie gut du dich darauf vorbereitet hast. Dein Gehirn hat viel Wissen in sich aufgenommen, das dir jetzt zur Verfügung steht.

Stell dein Gehirn vor dich hin und schau es dir an. Sieh, wie es pulsiert und wieviel Wissen darin gespeichert ist. All das Wissen, das du dort angesammelt hast, steht dir zur Verfügung. Es gehört dir.

Noch eine Minute, bis du anfangen darfst zu schreiben. Alles ist in Ordnung, dein Atem fließt ganz regelmäßig, dein Körper ist entspannt, und dein Geist ist hellwach.

Jetzt kannst du zeigen, was du gelernt hast. Du bist dir ganz sicher, daß du das tun kannst, was du dir vorgenommen hast, und daß du die Ziele erreichen wirst, die du dir gesetzt hast.

Das Papier ist weiß und sauber, deine Bleistifte sind gespitzt, dein Füllfederhalter liegt bereit, und gleich fängst du an zu schreiben und zu schreiben und hörst nur auf, wenn die Seite voll ist und du auf einer neuen weitermachen mußt.

Dein Gehirn denkt ganz schnell, und deine Hand fliegt über die Seite und beantwortet eine Frage nach der anderen. Das Wissen sprudelt nur so aus deinem Gehirn in deine Hand und von dort aufs Papier.

Wenn du fertig bist, gibt es nur eins zu sagen: Gut gemacht!

Schweben

In deinem Garten ist es zauberhaft schön, fast wie im Traum. Es gibt nichts, was du nicht tun könntest. Alle Möglichkeiten stehen dir offen, aber zuerst mußt du deinen Kopf ein bißchen durchschütteln, damit er ganz neue Ideen aufnehmen kann.

Das Gras unter deinen Füßen ist angenehm weich und von sattgrüner Farbe. Schau auf deine Füße, und du wirst merken, daß sie sich langsam, ganz langsam vom Boden heben. Schon gibt es ein bißchen Luft zwischen deinen Fußsohlen und der Erde, und dieser Abstand wird größer und größer, bis du ein paar Zentimeter über dem Boden schwebst. Jetzt kannst du weiter in deinen Garten vordringen, ohne auch nur einen Grashalm zu berühren.

Sanft gleitest du weiter, bis du ans Meer kommst. Da deine Füße den Boden nicht berühren, kannst du den Sand nicht fühlen. Du schwebst weiter bis über das Wasser und schaust den Wellen zu, die sich am Strand über-schlagen. Wenn die Wellen höher werden, steigst auch du nach oben, wenn sie flacher werden, sinkst du nach unten, so daß du immer genau über ihnen bist. So reitest du auf den Wellen, ohne deine Füße naß zu machen. Wenn du genug hast, schwebst du über den Strand zurück in deinen Garten.

Du siehst ein Plätzchen in deinem Garten, das du ganz besonders gern magst. Ein paar Sekunden noch bleibst du in der Luft, und dann landen deine Füße wieder sanft auf dem Boden. Du bewegst deine Zehen und spürst die Wärme der Erde an deinen Fußsohlen.

Dann läßt du dich ins Gras sinken. Es ist wie ein weiches Kissen, das deinen Körper stützt, und du kannst dich noch tiefer sinken lassen. Wohlig entspannt schaust du hinauf in den blauen Himmel...

Hindernisse überwinden

Hindernisse gehören zum Leben, und irgendwann stellen sie sich jedem von uns in den Weg. Die wichtigste Lektion, die es dann zu lernen gilt, ist, wie wir an diesen Hindernissen wachsen, wie wir sie überwinden können, ohne daran zu zerbrechen. Die folgenden Meditationen eröffnen uns eine neue Perspektive für den Umgang mit Hindernissen und Problemen und machen deutlich, wie wir in der Vergangenheit Erfahrenes nutzen können, um künftige Probleme zu lösen.

Der Berg

Das Gras unter deinen Füßen fühlt sich angenehm kühl an, und die Bäume stehen in vollem Laub. Eine leichte Brise fährt durch ihre Zweige und durch deine Haare, während du den Weg entlang gehst.

Plötzlich stehst vor einem Berg, dem größten, den du je gesehen hast. Möchtest du herausfinden, wie es sich anfühlt, den größten Berg der Welt zu besteigen?

Du könntest den schmalen Pfad nehmen, der unten im Wald beginnt und bis zum Gipfel führt, oder du könntest an der nackten Felswand auf der anderen Seite hochklettern. Oder möchtest du die Seilbahn nehmen, mit der viele Leute direkt bis auf den Gipfel fahren?

Warum nimmst du nicht den Weg? Dann kannst du unterwegs die Tiere beobachten, die im Wald leben. Du hättest wenig Chancen, sie zu sehen, wenn du die Felswand hochklettern oder mit der Bahn fahren würdest.

Der Aufstieg wird zunehmend leichter. Der Weg ist längst nicht so steil, wie du gedacht hast. Du hörst Tiere im Gebüsch rascheln, und wenn du Glück hast, siehst du sogar das eine oder das andere. Die meisten sind allerdings sehr scheu.

Jetzt stehst du auf dem Gipfel und schaust nach unten. Kannst du erkennen, wo du deine Wanderung begonnen hast? Ein langer Weg, nicht wahr? Unten im Tal siehst du Dörfer und Bauernhöfe und sogar Menschen, aber sie sind winzig, wie kleine Punkte, die sich bewegen.

Wenn du das Gefühl hast, daß du nun lang genug auf dem Gipfel warst, kannst du dich einfach auf deinen Hosenboden setzen und den ganzen Weg hinuntersausen, bis du wieder an deinem Ausgangspunkt angekommen bist.

Und jetzt stell dir vor, daß du größer und größer wirst. Du kannst dir selbst

dabei zuschauen, wie du mit unglaub-
licher Geschwindigkeit wächst, und
plötzlich stellst du fest, daß der Berg,
der dir so riesig vorgekommen ist, nur
noch ein kleiner Hügel ist. Da steigt ein
Lachen in dir auf, das nicht mehr zu
bremsen ist, ein Lachen, das wie ein
heiteres Donnern über die Erde rollt.

Mit deinen langen Beinen machst du
Riesenschritte. Weil du jetzt so groß
bist, kannst du alles erkennen, was um
dich herum geschieht. Du schaust dir
den Berg an und fragst dich, wieso es
dir einmal so schwierig schien, ihn zu
besteigen.

Dann wirst du wieder kleiner, kehrst
zu deiner normalen Größe zurück, und
kannst den Berg in noch einem anderen
Licht betrachten. So schwer war es gar
nicht, ihn zu besteigen, oder?

Ich laß dich jetzt hier. Vielleicht
möchtest du so groß bleiben, wie du bist,
oder du hast Lust, noch ein bißchen mit
deiner Größe zu experimentieren…

Vater Zeit

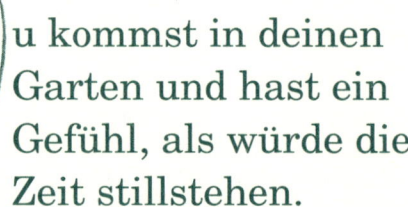

u kommst in deinen Garten und hast ein Gefühl, als würde die Zeit stillstehen.

Möchtest du etwas über das Wesen der Zeit erfahren? Vor dir steht ein Gebäude aus riesigen Sandsteinquadern. Das Relief, das sich um den ganzen Sockel zieht, zeigt Ereignisse aus längst vergangenen Zeiten; Ereignisse, die gerade geschehen sind, und Ereignisse, die erst in Zukunft geschehen werden.

Breite Stufen führen hinauf zu einer Säulenhalle. Du gehst durch den Säulenwald zu einer mächtigen Eingangstür. Sie ist offen.

Ein alter Mann in einer weißen Toga, die an der Schulter mit einer großen Brosche zusammengerafft ist, steht dort. An den Füßen trägt er braune Ledersandalen und um die Taille einen Gürtel. Sein buschiges Haar ist silbern mit ein paar rötlichen Strähnen. Seine Augen sind von einem strahlenden Himmelblau, und die Falten in seinem Gesicht werden tiefer, wenn er dich anlächelt; dabei leuchtet sein ganzes Gesicht liebevoll auf.

Er streckt dir die Hände entgegen. Geh ruhig auf ihn zu. Das ist Vater Zeit.

Er liebt alle Menschen gleichermaßen und hat immer Zeit für die, die ihn besuchen kommen.

Während er dich in das Gebäude führt, erklärt er, daß es die Zeit überdauert hat und voll ist von wunderbaren Dingen, die du dir nun alle anschauen darfst. Manche Räume zeigen dir das Gesicht der Erde vom Anbeginn der Zeit. In anderen begegnest du Menschen alter Zivilisationen, die längst nicht mehr existieren. Und dann siehst du die Welt, wie sie heute ist.

Es gibt Räume voller Bücher, Bücher über Bücher, mehr als man in einem ganzen Leben lesen kann. Aber weil du im Traumzustand bist, kannst du so viele Bücher lesen, wie du willst. Vater Zeit antwortet auf all deine Fragen,

weil er alle Zeit der Welt nur für dich
hat. So etwas wie Eile kennt er nicht.

Jetzt führt er dich durch einen
besonderen Teil dieses ungewöhnlichen
Gebäudes. Hier wird er dir die Zukunft
zeigen. Es ist die Zukunft, die deine
sein kann, wenn du dich für sie ent-
scheidest, die Zukunft, die auf dich
wartet...

Heilung und Wechsel der Perspektive

Diese Meditationen können Ihnen helfen, Ihre Einstellung sich selbst, Ihrem bisherigen Leben oder anderen Menschen gegenüber zu verändern. Der meditative Zustand bietet eine wunderbare Möglichkeit, sich selbst zu heilen und mit Verletzungen, Minderwertigkeitsgefühlen und Verlust umzugehen. Die folgenden Meditationen können Spannungen auflösen und Ihnen eine innere Ruhe und Heiterkeit schenken, wie Sie sie vielleicht noch nie erfahren haben.

Das Herz

Dein Garten ist voller Osterglocken, Primeln und Veilchen, und ihr Duft steigt in den wolkenlosen Himmel. Großvater Baum, der älteste Baum in deinem Garten, beherbergt viele bunte Vögel in seinen Zweigen. An seinem dicken Stamm liegt ein Kissen für dich bereit. Es lädt dich ein, hinzusitzen und in dein eigenes Herz zu schauen.

Wenn du dein Herz vor dich
hinstellst, kannst du sehen, wie schön
es ist, und zuschauen, wie es größer
und größer wird. Es ist hellrot und
pulsiert gleichmäßig. Du entdeckst eine
kleine Tür, die nach innen führt. Um
dort hineinschlüpfen zu können, machst
du dich ganz klein. Die Tür hat ein
Schlüsselloch, aber vielleicht brauchst
du gar keinen Schlüssel, weil dein Herz
gar nicht verschlossen ist.

Es kann aber auch sein, daß das
Schlüsselloch verrostet ist. Tränen lösen
den Rost auf, und je mehr Rost sich
angesammelt hat, desto mehr Tränen
müssen freigelassen werden, damit du
die Tür zu deinem Herzen aufschließen
kannst.

Vielleicht fühlt es sich etwas
merkwürdig an, in dein eigenes Herz

hineinzugehen. Fühlst du jetzt, hier im Innern, das gleichmäßige Klopfen? Du bewegst dich im Rhythmus deines Herzens, auf und nieder, auf und nieder. Bald wirst du dich an diese Bewegung gewöhnt haben.

Es gibt verschiedene Räume in deinem Herzen, die darauf warten, daß du sie erkundest. Manche sind hell und gemütlich, voller Glück, voller Freude und voller Liebe.

Es gibt aber auch dunkle und ungemütliche Räume, in denen alte Verletzungen und nicht vergessene Unfreundlichkeiten in staubigen Schränken aufbewahrt werden. Es ist gut, auch diese Räume zu erkunden, um vielleicht ein bißchen aufzuräumen oder zumindest zu erkennen, was dort lagert, und dann wieder in die Räume

des Glücks, der Liebe und der Freude
zurückzukehren. Je mehr Zeit du in
diesen Räumen verbringst, um so mehr
wirst du fähig sein, Liebe zu empfangen
und sie aus ganzem Herzen weiter-
zugeben, in dem Wissen, daß es auch
die dunklen Räume gibt, in deinem
Herzen genau wie in den Herzen aller
Menschen…

Der spiegelnde See

u gehst den Weg
entlang, der durch
deinen Garten führt.
Wie immer genießt du
die Ruhe und die
Heiterkeit, die hier
herrschen. Du atmest
den Duft der Blumen ein und pflückst
vielleicht eine, um sie dir anzustecken.
Sofort siehst du eine neue Blume am
selben Platz wachsen, denn in deinem
Garten kann nichts sterben.

Der Weg hat dich zu einer runden Lichtung geführt. In der Mitte befindet sich ein kleiner See. An seinem Ufer liegt ein flacher Stein, der dich zum Sitzen einlädt. Sieh nur, wie klar das Wasser ist, nur ein leichtes Lüftchen kräuselt die Oberfläche. Du kannst deine Füße ins Wasser hängen lassen und zuschauen, wie es sich verändert, wenn du deine Zehen bewegst.

Wenn du ganz ruhig sitzt, wird das Wasser still und wirft dein Bild zurück wie ein Spiegel. Was kannst du erkennen? Natürlich siehst du deine körperliche Erscheinung, die Form deines Kopfes, die Neigung deiner Schultern und die Haarsträhnen, die sich vor dem Himmel abzeichnen.

Aber wenn du noch stiller wirst und immer tiefer in das dunkle Wasser schaust, entdeckst du etwas, das dir bisher entgangen ist. Du spürst, wie es dich in die Tiefe zieht. Aber du gibst diesem Sog nicht nach, sondern nimmst nur wahr, wie die aufsteigenden Bilder die sich wandelnden Seiten deines Wesens spiegeln. Vielleicht siehst du eine Person, die ganz und vollständig ist, oder ein Ich, das sich bisher in deinem Innern versteckt hat und das kein anderer Mensch kennt. Manchmal ist es schwer, sich selbst so zu sehen, wie man wirklich ist, weil wir uns durch die Augen anderer betrachten. Wer möchtest du sein? Schau nur weiter in den See hinein, und das Bild wird vor deinen Augen erscheinen.

Du bleibst am See sitzen und spürst die Wärme der Sonne auf deinem Körper. Sie wärmt dich nicht nur von außen, sondern durchstrahlt auch dein innerstes Wesen.

Und während du so am Ufer sitzt, spürst du die Veränderungen, die sich in deinem Inneren anbahnen, Veränderungen, die notwendig sind, wenn du dich vollständiger, sicherer und stärker fühlen willst. Dieser See zeigt dir nicht nur, wer du jetzt bist, sondern auch, wer du sein kannst…

Die Schildkröte

Es ist sehr still und friedlich in deinem Garten. Du atmest die frische Luft ein und spürst die heitere Stimmung, die über allem liegt. Die Tiere kommen hervor, um dich zu begrüßen. Vielleicht ist auch eines aus deiner Kindheit dabei, dein Lieblingshund, eine Katze oder ein Vogel, vielleicht sogar ein Papagei. Oder möchtest du

lieber ein Tier sehen, das normalerweise nicht in deine Nähe kommt? Alle
Tiere leben in deinem Garten friedlich
beieinander und freuen sich, wenn du
sie rufst.

Da kommt etwas ganz langsam auf
dich zu – es ist eine Schildkröte! Sie hat
sich gesonnt, und dabei ist ihr Panzer
ganz warm geworden. Du legst deine
Hand darauf und spürst, wie warm sie
ist. Sie dreht den Kopf nach oben, um
zuzuschauen, wie du ihren Panzer
streichelst.

Die Schildkröte fühlt sich oft sehr
einsam. Die meisten Menschen verstehen nicht, daß Schildkröten ihren
Kopf einziehen, weil sie Angst haben.
Jetzt kriecht sie ganz langsam weiter.

Warum begleitest du sie nicht ein
Stück? Ich glaube, du könntest viel von

ihr lernen. Manchmal zieht sie sich
ganz in ihren Panzer zurück, um ihre
Feinfühligkeit zu schützen, aber es
kommt auch vor, daß sie ein bißchen
weiter herauskommt. Sie bewegt sich
sehr langsam, aber sie kommt immer
an ihr Ziel. Und während sie langsam
vorankriecht, merkt sie genau, was um
sie herum geschieht.

Vielleicht willst du mal ausprobieren,
wie es sich anfühlt, einen Panzer
anzuhaben und so langsam zu sein wie
eine Schildkröte. Du könntest dabei
entdecken, daß du es gar nicht nötig
hast, dich abzuhetzen oder deine
Gefühle zu verbergen. Du wirst dein
Ziel erreichen, wenn die Zeit dafür
gekommen ist...

Der Tag deiner Geburt

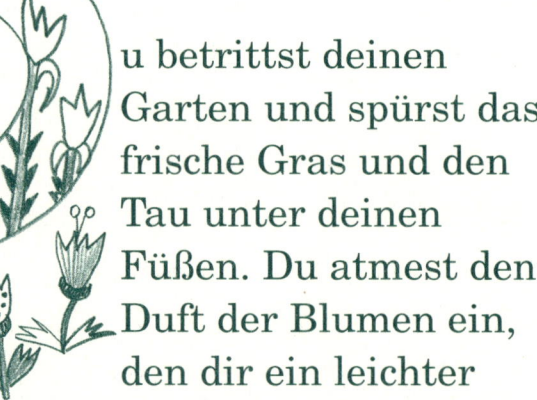

Du betrittst deinen Garten und spürst das frische Gras und den Tau unter deinen Füßen. Du atmest den Duft der Blumen ein, den dir ein leichter Wind zuträgt. Der samtblaue Himmel ist mit kleinen weißen Wölkchen betupft.

Du denkst an den Tag deiner Geburt. Der Tag, an dem du geboren wurdest, ist etwas ganz besonderes. Stell dir vor, daß du den Augenblick deiner Geburt selbst gewählt hast und daß die Sterne am Himmel einen Moment lang still- standen, als du die Bühne des Lebens betreten hast.

Stell dir vor, daß du vor deiner Geburt ein kleiner Funken im Universum warst. Und irgendwann hast du dich entschieden, genau in dieser Familie und zu dieser Zeit an diesem Ort geboren zu werden.

Vielleicht hast du deine Mutter und deinen Vater schon längere Zeit von oben gesehen und genau beobachtet, bevor es für dich an der Zeit war, ein lebendes Wesen zu werden.

Dann hattest du neun Monate lang Zeit, im Bauch deiner Mutter zu wachsen. Dort war es so schön, daß du

dir manchmal gewünscht hast, du
könntest immer dort bleiben. Du hast
gehört, was deine Eltern miteinander
gesprochen haben, und du hast genau
gespürt, wie sehr sie sich auf dich
gefreut haben.

Und dann kam der Moment, in dem
du ihre Welt zu deiner gemacht hast.
Da hat dir manches nicht gefallen, und
du hast geschrien, wie Babies nun mal
schreien: »Habt mich lieb, habt mich
lieb. Ich bin von so weit gekommen, um
bei euch zu sein.«

Deine neuen Eltern haben dich ganz
liebevoll angeschaut und waren sehr
gerührt, daß so ein winziges Bündel
Mensch in ihre Welt gekommen war, um
bei ihnen zu bleiben und Freude und
Glück in ihr Haus zu bringen. Getrübt
wurde dieses Glück nur durch das

Wissen, daß du sie eines Tages verlassen und deinen eigenen Weg gehen würdest. Aber die Liebe, die ihr in diesem Moment füreinander empfunden habt, braucht nicht zu sterben, nur weil du jetzt deinen eigenen Weg gehst.

Vielleicht ist die Erinnerung an den Tag deiner Geburt auch ganz traurig. Vielleicht war niemand da, der dich so lieben konnte, wie du es gebraucht hättest. Vielleicht hast du dich verlassen oder ausgeschlossen gefühlt. Wenn das so ist, stell dir deine Eltern, deine Mutter und deinen Vater, als winzige Funken im Universum vor, die wie du nach unten geschaut und sich ihre Eltern ausgesucht haben – und laß alles los ...

Die Tränen der Vergangenheit

Es ist ganz still in deinem Garten, und du fühlst den Frieden und die Abgeschiedenheit an diesem Ort. Aus der Geborgenheit deines Gartens kannst du auf dein vergangenes Leben zurückblicken, auf die glücklichen Zeiten und auf die Zeiten, die vielleicht nicht so glücklich waren. Das Leben hat dir Erfahrungen intensiven Glücks geschenkt. Wahrscheinlich hast du auch Zeiten ebenso intensiver Traurigkeit durchlebt. Manchmal ist es notwendig, in die Vergangenheit zurückzugehen, um zu entdecken, was das Leben zum jetzigen Zeitpunkt schwierig macht.

Geh zurück bis zu der Zeit, als du ein kleines Kind warst, und sieh dich in deiner Familie. Haben deine Eltern dich manchmal allein lassen müssen, und du bist traurig zurückgeblieben? Oder bist du gut damit zurechtgekommen? Erinnere dich an die Zeiten, als du Ärger in der Schule hattest und andere dich so gekränkt haben, daß du nichts mehr essen konntest und nur noch geweint hast. Erinnere dich auch daran, wie du gelacht und mit deinen Freunden gespielt hast.

Geh jetzt weiter in die Zeit, als du ein
Teenager warst und dich oft sehr
verletzlich gefühlt hast. Schau dir die
Probleme an, die dir damals zu schaffen
gemacht haben. Die Welt schien so
riesengroß im Vergleich zu deinem
kleinen spießigen Zuhause. Vielleicht
hat es dich auch wütend gemacht, daß
du weder Kind warst noch Erwach-
sener. Die Vergnügen der Kindheit
bedeuteten dir nichts mehr, aber du
warst noch nicht alt genug für die der
Erwachsenen.

Als du dann erwachsen warst, kam
vielleicht eine Zeit, in der die Träume
deiner Kindheit hätten wahr werden
sollen, aber aus irgendeinem Grund
kam es nicht dazu. Vielleicht lag das an
den äußeren Umständen oder daran,
daß du selbst nicht offen dafür warst.

Vielleicht bist du traurig, daß du bestimmte Chancen nicht genutzt hast.

Vielleicht ist dein zarter innerer Kern verletzt worden, weil jemand deine Liebe zurückgewiesen hat. Welche Verletzung auch immer du so lange mit dir herumgetragen hat, jetzt kannst du sie dir anschauen und dich von ihr verabschieden.

Rufe dir jede einzelne Erfahrung ins Gedächtnis zurück und betrachte sie, ohne Partei zu ergreifen. Anstatt dir vor Augen zu führen, wie sehr dich eine bestimmte Person oder gewisse Umstände verletzt haben, frage dich, was du daraus gelernt hast. Weise niemandem Schuld zu, auch nicht dir selbst. Klebe nicht an Dingen, die jemand anderes gesagt oder getan hat oder die du gesagt oder getan hast.

Nimm nur wahr, wie du dich selbst
fühlst und wie du aus dieser vergangenen Erfahrung etwas Positives in
dein gegenwärtiges Leben bringen
kannst.

Anstatt dich mit Wut, Vorwurf,
Verleugnung und Schuld zu befassen,
richte deinen Blick auf die Liebe, das
Annehmen und die Toleranz, die du den
Menschen in deiner Umgebung zu
geben gelernt hast.

Leugne die Erfahrungen nicht, die du
gemacht hast, aber halte sie auch nicht
fest. Jede Erfahrung ist dazu da, aus
ihr zu lernen und sie dann loszulassen.

Geh in dein Herz und wende dich
deinen Erfahrungen zu. Sieh die
positiven Aspekte, mit denen du jetzt
arbeiten kannst, und laß das los, was
dir nicht mehr dient.

Kannst du loslassen, kannst du aufhören zu urteilen, kannst du lieben, ohne Gegenliebe zu verlangen? Versuche es, und du wirst merken, daß du gibst, und im Geben wirst du empfangen...

Die Farben der Heilung

ie Bäume recken ihre
Zweige mit dem
frischen grünen Laub
hoch in den blauen
Himmel. Die Vögel
fliegen hin und her und
sind emsig dabei,
Nester in die Zweige der großen Bäume
zu bauen, wo sie sich sicher und
geborgen fühlen.

Die Luft in deinem Garten ist so
frisch und rein, daß sich deine Lungen

weiten, um dieses kostbare Element in
sich aufzunehmen. Zieh die Luft bis in
die Spitzen deiner Lungen und atme sie
dann wieder aus, damit all die alte Luft
gegen frische ausgetauscht wird.

Du fühlst dich viel besser, wenn du so
tief atmest. Ein, aus, ein, aus – frische
Luft fließt hinein, und alte Luft strömt
aus.

Der Sauerstoff hebt deine Lebens-
geister, und am liebsten würdest du
einen Freudensprung machen. Aber bist
du wirklich schon bereit dafür? Ich
glaube, dein Körper braucht noch
etwas…

Du legst dich auf die saftig grüne
Wiese. Das Gras trägt dich wie ein
weiches Kissen und hält dich ein wenig
über der Erde. Atme weiter tief ein und
aus und spüre, wie die Luft deine

Lungen reinigt. Gleich wirst du dir
verschiedene Farben vorstellen, die dich
durchdringen und deinen Körper heilen.

Du fühlst dich in deinem schweben-
den Grasbett sicher und geborgen und
umgibst dich mit der heilenden Farbe
Blau. Du siehst dieses Blau wie einen
Nebel, der dich einhüllt und durch die
Poren deiner Haut in deinen Körper
dringt. Dieses Blau berührt jedes Organ
und durchdringt es, bis es ganz davon
erfüllt ist. Laß dir Zeit und spüre, wie
das Blau jedes Organ durchdringt, das
Heilung braucht. Du hast alle Zeit der
Welt. Laß das Blau mit deinem Atem
durch den Körper kreisen und spüre,
wie es sich überallhin ausweitet, wie es
reinigt und heilt.

Als nächstes kommt die heilende
Farbe Grün. Sieh das Grün als Nebel

um deinen Körper, der durch die Poren eindringt und die Bereiche in deinem Körper regeneriert und heilt, die die Energie der Farbe Grün brauchen. Laß deinem Organismus Zeit, das Grün in sich aufzunehmen. Du hast alle Zeit der Welt. Atme das heilende, reinigende Grün durch deinen Körper, und du wirst spüren, wie deine Lebenskraft gestärkt wird.

Spüre deinen Blutkreislauf. Vielleicht merkst du, daß er ein bißchen träge ist. Laß strahlendes Rot durch deinen Körper sprudeln und die Bereiche aufhellen und mit Energie versorgen, die es brauchen. Sieh, wie das Rot das Netz der Venen und Arterien reinigt und geschmeidig macht.

Geh in dein Herz und spüre den Puls. Laß die Farbe Rot in jede Kammer strömen; sie reinigt und stärkt das Herz, und mit gleichmäßigem Pochen pumpt das Herz das Rot in jede Faser deines Körpers.

Schenke deinem Herzen nun ein zartes Rosa, damit es frei und vollständig lieben kann. Fühle, wie dieses wunderschöne Rosa dein ganzes Herz erfüllt. Sieh, wie dein Herz sich dabei öffnet wie eine Rose, die in sich vollkommen ist und voller Liebe, nicht nur für andere, sondern auch für dich selbst.

Für den Intellekt nimm die Farbe Gelb. Geh damit durch jeden Teil deines Gehirns und sieh, wie er aufleuchtet, wenn er von dem Goldgeld berührt und erfüllt wird. Das goldgelbe Licht vertreibt alle negativen Gedanken aus deinem Bewußtsein. Laß dir viel Zeit mit der Reinigung deines Denkens. Du spürst, wie sich immer mehr Klarheit ausbreitet und immer mehr Negativität weicht, so daß sich das goldene Licht ungehindert ausbreiten kann.

Umhülle deinen Körper nun mit weißem Licht. Du hast ihn gereinigt und weißt, daß die Heilung eingesetzt hat. Laß dieses weiße Licht in einem stetigen Strom durch deinen Körper fließen und spüre es überall. Es ist im Überfluß vorhanden. Laß es über dich fließen, gieße es durch deinen Körper, so daß du dich rein und ganz fühlst.

Laß nun noch die Farbe Lila durch deinen Körper strömen, die höchste der spirituellen Farben. Laß dich von dem leichten Nebel umhüllen und durchdringen, bis das Lila stark, lebendig und leuchtend wird. Dieses wunderbare

Lila dringt in jede Pore deines Seins,
und du spürst, wie es dich erhebt und
wie es deinem Körper Heilung und
deinem Geist Frieden bringt...